진주의
해피 키토 한식

진주의 해피 키토 한식 (HAPPY KETO K-FOOD)

초판 1쇄 발행 2020년 6월 22일
초판 4쇄 발행 2024년 3월 7일

지은이 진주 | **펴낸이** 이수정 | **펴낸곳** 북드림
교정교열 신정진 | **편집 디자인** 강상희

등록 제2020-000127호 | **주소** 경기도 남양주시 다산순환로20 C동 4층 49호
전화 02-463-6613 | **팩스** 070-5110-1274
도서 문의 및 출간 제안 bookdream@bookdream.kr
ISBN 979-11-91509-00-7(13590)

※이 책은 저작권법에 의해 보호를 받는 저작물이므로 무단 전재와 무단 복제를 금합니다.
※책 값은 뒤표지에 표시되어 있습니다. 파본은 구입처에서 교환해 드립니다.

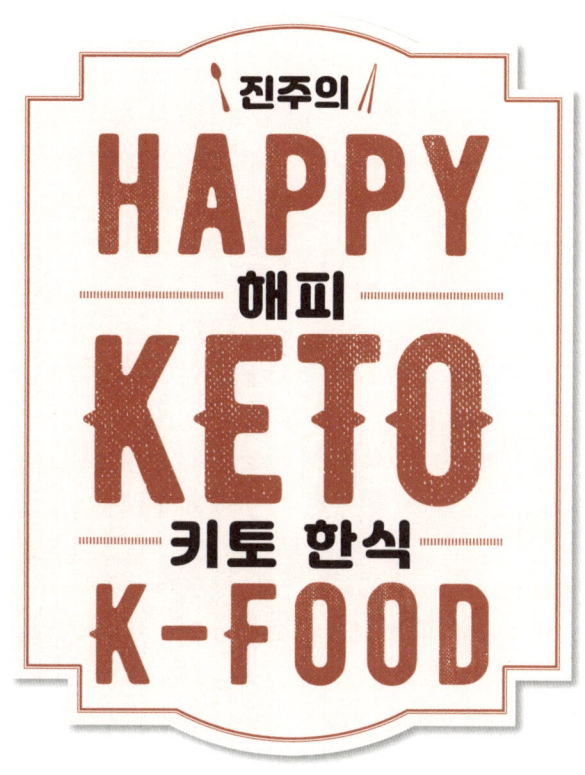

추천의 글

 ## 저탄고지 건강 다이어트, 한식에서 답을 찾자!

굶어서 살을 빼는 저칼로리 다이어트는 건강에 해롭다는 인식이 확산되면서 '건강한 다이어트'에 점점 더 관심이 커지는 상황입니다. 최근 이런 흐름과 맞물려 건강도 챙기고 살도 뺄 수 있는 '저탄수화물 고지방(키토제닉, LCHF)' 다이어트가 크게 큰 주목받고 있습니다. 저탄고지 다이어트는 정제된 탄수화물, 당분을 과감히 줄이고, 에너지 대사와 염증 해소에 도움을 주는 지방을 넉넉히 섭취함으로써 우리 몸이 건강한 대사를 할 수 있게 하는 식이요법입니다. 억지로 굶지 않아도 되고, 무리한 운동도 필요 없으며, 좋은 음식을 마음껏 먹으면서 살도 빼고 더욱 건강해질 수 있는 '기적의 식단'인 것이죠.

평생이 다이어트의 나날이었던 저도 저탄고지 다이어트로 각종 질병을 고치고 건강하게 체중 감량에 성공했습니다. 그 후 저탄고지 전도사를 자청하며 많은 분들에게 저탄고지를 알리고자 저탄고지 라이프스타일 카페를 운영하고, 실제 식단으로 환자를 치료한 지도 5년째가 되어갑니다. 그런데 진료실을 거쳐 간 많은 환자들이나 제가 운영하는 인터넷 카페 회원들을 보면 식단의 필요성을 절실히 깨달아 실천하고자 하지만 막상 식단을 유지하는 것을 많이 힘들어했습니다.

아무래도 저탄고지 다이어트는 서양에서 시작되었기 때문에 우리에겐 생소한 서양의 식단들을 우선 접하게 되는데 그나마 쉽게 요리할 수 있는 삼겹살 구이, 버터 커피, 달걀 요리 정도를 돌려 먹게 됩니다. 그러면서 이런 이미지가 굳어져 극히 제한된 음식만 먹는 어려운 식단으로 인식되었기 때문입니다.

그런데, 저탄고지의 기본원리 그리고 건강에 도움이 되는 기전들을 하나씩 분석하다 보니, 우리 전통 한식이 건강식으로 작용하는 원리가 저탄고지에서 추구하는 방향과 매우 비슷하다는 것을 알게 되었습니다. "아니, '한국인은 밥심'이라 말이 있을 정도인데 탄수화물을 먹지 말라는 저탄고지와 한식이 어디가 비슷하다는 거야?" 하고 생각하는 분들이 있을 것입니다. 하지만 전통 한식과 저탄고지의 방향성이 유사하다는 것은 억지가 아닙니다.

실제로 우리 조상들은 식재료를 잘 소화시킬 수 있는 지혜로운 식사법을 가지고 있었습니다. 나물은 데쳐 먹었으며, 쌀은 도정하여 밥을 짓거나 죽을 끓여서 먹었고, 고기는 거의 삶거나 고아 먹었습니다. 또 김치, 된장 등 발효 음식을 만들어서 함께 먹었습니다. 이 모든 것이 장을 건강하게 만드는 식습관이라 할 수 있습니다.

전통 한국식 밥상에서 밥을 과감히 빼면 훌륭한 저탄고지 식단이 됩니다. 다양한 제철 채소들과 위와 장에 좋은 발효 식품들을 일상적으로 먹기 때문입니다. 또, 체력이 부치거나 건강이 안 좋을 때 먹던 삼계탕, 장어탕 등의 보양식 역시 훌륭한 저탄고지 음식들입니다.

그런데 한국인의 밥상은 어쨌든 밥을 주식으로 하다 보니 탄수화물을 최대한 제한하는 한식 저탄고지 밥상을 꾸린다는 것이 말처럼 쉬운 일은 아닙니다. 요리한다는 행위 자체가 생소한 사람들은 말할 것도 없고, 매일같이 가족의 밥상을 준비하는 주부 입장에서도 막막할 수 있을 겁니다.

한식 밥상에서 어떻게 저탄고지를 구현할 수 있지? 가족 모두 식단을 바꾸라고 해야 되나? 나만을 위한 음식을 따로 만들어야 하나? 기존에 먹던 국과 나물을 어떻게 해야 저탄고지식이 되는 걸까? ……

그러던 차에 최초의 한국식 저탄고지 요리책 《진주의 해피 키토 키친》으로 키토인들의 요리 고민을 덜어준 진주님의 새 책이 출간된다는 소식을 들었습니다. 게다가 저탄고지

한식 레시피라니!《진주의 해피 키토 한식》의 추천사를 의뢰받고 너무 기뻤고 내용을 보고는 깜짝 놀랐습니다.

저탄고지의 원칙을 철저히 지키면서도 우리에게 익숙한 국, 나물, 기본 반찬, 볶음, 조림, 탕에 이르기까지 익숙한 한식을 총망라하고 있으며 특히 고추장, 떡볶이 등 저탄고지에서 금기시했던 요리와 양념을 저탄고지로 탈바꿈시킨 지혜에 놀라움을 금치 못했습니다.

또 어떤 요리와 반찬을 곁들이면 근사한 한 상이 되는지, 순탄수화물 섭취를 알맞게 제한하고 지방을 부족하지 않게 섭취하는 식단 구성은 어떠해야 하는지까지도 제시하고 있어 계획적인 식단을 짜는 데도 큰 도움이 되리라 생각합니다.

요리 초보자들을 위한 배려에도 박수를 보내고 싶습니다. 요리를 처음 하는 사람들(특히 남성들의 경우는 더욱)은 장을 보고, 재료를 손질하고, 익히고, 양념하는 모든 과정이 어려울 수밖에 없는데《진주의 해피 키토 한식》은 장을 보는 요령부터 재료의 손질 및 보관, 계량법, 재료와 어울리는 양념장 만들기, 재료를 데치거나 삶거나 굽는 방법 등 초보자가 꼭 알아두어야 할 부분을 친절히 설명하고 있어 요리를 쉽게 시작할 수 있도록 도와줍니다.

감미료 가득한 양념으로 버무려진 자극적인 음식, 쉽게 구입해서 먹을 수 있는 간편식과 가공식품들이 우리의 밥상을 점령하고 있는 이때, 지금부터라도 여러분의 몸을 영양가 있는 좋은 한식들로 채워 나가 보세요.

《진주의 해피 키토 한식》과 함께 하면 건강과 다이어트, 모두 성공할 수 있습니다.

2020년 3월, 이영훈
《기적의 식단: 저탄수화물 고지방 다이어트의 비밀》저자,
이영안과 원장

한식 밥상으로 저탄고지를 할 경우 참고 사항

- 순탄수화물(=탄수화물-식이섬유) 섭취는 총 칼로리의 20%가 넘지 않도록 한다.(여성 100g, 남성 120g 미만).
- 탄수화물을 섭취할 때는 GI 지수가 낮은 탄수화물을 골라 먹자. 당분은 피하고, 통곡물과 저항성 전분을 위주로 먹는 것이 좋다.
- 김치, 된장 같은 발효 식품은 장내 환경 개선에 도움을 주는 좋은 저탄고지 음식이다. 김치는 충분히 발효시켜 먹는다.
- 소화가 잘 안되는 사람이라면 소고기, 돼지고기 보다는 생선, 해산물, 닭고기, 달걀을 섭취하고 포화 지방의 과다 섭취는 줄이고 올리브유 같은 불포화 지방을 먹는다.
- 탄수화물을 많이 섭취하는 식습관을 그대로 둔 채 포화지방 섭취를 늘린다면 지방간을 악화시키고 체중이 증가할 수 있으니 주의해야 한다.

- 저탄고지 라이프스타일 카페
cafe.naver.com/lchfkorea

- 인스타그램
20eye_yhlee

PROLOGUE

"한국 사람이 밥을 안 먹고 어찌 살아." "나는 밥 때문에 그 식단은 못 하겠다."

저탄고지* 식단을 시작하고 4년째가 되어가는 지금까지 가장 많이 들었던 말일 거예요. 사실 저탄고지 식단은 개인별로 허용하는 탄수화물량이 다르므로 엄격한 탄수화물 제한식이 아니라면 밥은 조금 먹어도 되지만 밥을 '주식'으로 여겨온 우리나라 사람들에게는 다소 충격적이긴 하지요. 우리는 '밥심'으로 산다는 민족 아니었습니까.

그래서 2016년 저탄고지 식단이 본격적으로 우리나라에 소개됐지만 밥을 주식으로 하는 우리네 식습관을 볼 때 저탄고지 식단을 오래 지속하기 힘들 거라는 우려도 있었지요. 저 역시 고깃집에서 조차 "밥이랑 된장찌개도 고기랑 같이 주세요."를 외치던 소위 '밥순이'이기도 했지요. 하지만 저탄고지 식단을 4년 넘게 유지하다 보니 이제는 밥상에서 없어진 밥이 전혀 아쉽지 않아요. (물론 어쩌다 밥 몇 숟가락 먹으면 여전히 엄청 맛있습니다!) 밥이 아니어도 먹을 수 있는 식재료가 많고 충분한 양의 식사를 하는 식단이기 때문일 거예요.

저의 전작인 《진주의 해피 키토 키친》에서는 친숙한 한식 요리 외에 치즈나 크림 등의 유제품을 사용하거나 다소 생소할 수 있는 재료들을 사용한 서양식 요리도 많았어요. 식단을 시작하면서 기존의 건강식에서 금지했던 포화 지방이 풍부한 재료들을 맘껏 먹을 수 있다는 사실에 무지 신이 났었거든요!

그런데 저탄고지 요리를 만들고 알리는 일을 하면서, 저탄고지 식단을 하고 있는 분들과 소통을 해보니 많은 분이 보다 다양한 한식 키토 메뉴에 대한 정보를 원하고 계셨어요. 저부터도 며칠 안 먹으면 생각이 나고 자주 먹어도 질리지 않는 것들은 역시나 한식 메뉴들이었으니 한국인으로서 당연한 거겠지요.

저탄고지식으로 한식 요리를 만들어 원고를 정리하고, 또 한식 요리들로 저탄고지 밥상을 구성해 보니 한식 밥상에서 탄수화물량

※ 저탄고지: 저탄수화물 고지방 다이어트의 줄인 말로 정제당과 탄수화물을 제한하고 양질의 지방을 섭취하는 다이어트를 말해요. 이 책에서는 키토제닉, 저탄고지, 키토식을 혼용하여 썼어요. 같은 의미로 보시면 돼요.

- 블로그
blog.naver.com/joosf

- 인스타그램
instagram.com/js.treat

- 유튜브 : 해피키토테레비
해피키토테레비 🔍

을 줄이는 건 아주 쉬운 일이었어요. 밥 양을 줄이거나 빼고 양념에서 설탕만 빼주면 쉽게 해결이 되었거든요. 의외로 어려운 과제는 그 줄인 만큼의 탄수화물을 좋은 지방으로 '억지스럽지 않고 맛있게' 채워주는 것이었습니다. 그런 면에서 저지방식이 건강한 식단으로 각광받던 시절에 한식은 분명히 건강식이었을 거예요.

그럼에도 한식 위주의 저탄고지 식단을 해나갈 방법은 있습니다. 요리에 억지로 지방을 추가하는 것보다는 맛있을 정도로만 충분한 지방을 사용해 요리하고 기름기 많은 국물 요리(기름기를 많이 걷어내지 않고 좋은 사골로 만든 사골국은 만능 해결사예요!)를 곁들이는 것이죠. 시원하고 담백한 국물 요리에는 건강한 기름을 듬뿍 사용해 만든 전이나 나물류를 곁들이는 것도 좋은 방법이고요.

한식 키토 밥상에서 전은 매우 좋은 저탄고지 메뉴예요. 밀가루나 곡물 가루를 쓰지 않기 때문에 바삭바삭한 식감은 덜하지만 재료가 뭐든 달걀물에 담갔다가 기름에 지져내기만 해도 맛있고 영양이 충분한 전이 되거든요.

나물류 역시 저탄고지 식단에 훌륭히 어울리는 메뉴예요. 우리나라만큼 철따라 다양한 온갖 풀(잎채소)을 먹는 나라가 또 있을까 싶어요. 아직 먹어보지 못한 산나물만 해도 수두룩하지요. 다듬고, 데치고, 무치고, 혹은 말렸다가 불려서 다시 볶는 등 귀찮은 과정을 거친 결과물이 달랑 나물 한 접시라며 '손 많이 가는 한식'이라는 불평을 유발하는 메뉴이기도 하지만, 달리 생각해 보면 그런 조리 과정은 많은 양의 채소를 소화기에 부담을 주지 않으면서 섭취할 수 있는 좋은 방식이기도 합니다. 데치고 우리고 삶아내는 과정에서 독소나 안 좋은 성분들이 줄어드는 것 또한 이점이지요. 생들기름을 이용해 맛있게 무치거나 건강한 기름에 볶아낸 나물은 좋은 지방까지 함께 섭취할 수 있으니 이보다 더 좋을 수가 없네요.

《진주의 해피 키토 한식》에서는 나물 외에도 무침 요리

등 생들기름 향이 어울리는 요리에는 맛을 해치지 않는 선에서 생들기름을 듬뿍 사용하고 올리브 오일도 음식의 향에 영향을 미치지 않는 선에서 적극 활용했습니다.

저탄고지 식단을 하면 사 먹는 음식이나 간편식에는 한계가 있기 때문에 평생 요리를 안 해본 사람도 요리를 안 할 수가 없게 되지요. 요리에 취미가 없는 사람, 자취를 하는 사람, 일반식을 하는 가족 중에 혼자 저탄고지 식단을 하는 사람 등 누구도 예외가 없기 때문에 저탄고지인 중에는 자칭 '요리 똥손'이라는 초보자가 많을 수밖에 없어요.

이런 분들의 어려움을 조금이라도 덜고자 하는 마음에서 요리 초보자를 위한 기본 계량법 및 재료 손질 등의 기본적인 요리 방법을 앞부분에 수록했어요.

요리 초보자 또는 저탄고지 식단을 처음 시작하는 분은 꼭 앞부분의 〈Ready to Cook〉을 먼저 읽어주세요. 보다 쉽게 《진주의 해피 키토 한식》을 따라 할 수 있을 거예요.

2020년 3월, 진주

맛있고 건강한 저탄고지 한식을 마음껏 즐기세요.
그 놀라운 효과도 충분히 누리시고요.

해피 키토!

저탄고지 키토식을 하기 전 사진.
확실한 동기 부여가 되시길!

CONTENTS

Ready to Cook

1 계량은 요리의 기본!…012
2 조리 도구, 이 정도는 갖춰야 편리해요!…014
3 요리 용어를 알아두면 쉬워져요!…016
4 해피 키토 한식에서 쓴 양념을 알아볼까요?…018
5 유용한 한식 조미료를 미리 만들어 봐요!…020
6 해피 키토 한식에서 필요한 장보기를 알아볼까요? …022
7 채소 손질과 보관에도 요령이 있어요!…024
8 채소 데치기 & 익히기, 어렵지 않아요!…030
9 조리 시 알아두면 편리해요!…032
10 설거지와 주방 후드 청소는 이렇게!…035
11 해피 키토 한식, 이렇게 차려요!…036

CHAPTER 1
한 끼 식사로 충분한 전

1 단단일 부추전…046
2 봄동전…048
3 가지전…050
4 김치참치전…051
5 깻잎전…052
6 모둠 버섯전…054
7 새우미나리전…056
8 오징어부추전…058
9 매생이해물전…060
10 돼지고기 육전…062
11 고기 빈대떡…064
12 우삼겹살팽이전…066
13 대패삼겹살파전…068
14 불고기참나물전…070
15 통김치전…072
16 굴전…074

CHAPTER 2
날마다 새로운 나물 반찬과 무침

17 가지나물…078
18 생참나물무침…080
19 오이들기름깨무침…081
20 하얀 콩나물무침…082
21 빨간 콩나물무침…084
22 시금치나물…086
23 들깨열무나물…087
24 얼갈이배추된장나물…088
25 고사리나물…090
26 건취나물볶음…092
27 건고구마순볶음…094
28 토란대나물…096
29 호박고지볶음…098
30 호박양념장구이…100
31 파소스 가지튀김…102
32 부추무침…104
33 오이고추된장마요무침…105
34 닭살오이무침…106
35 달래족편무침…108

CHAPTER 3
밥상을 균형 있게! 사계절 기본 반찬

36 소고기장조림…112
37 만능 장아찌…114
38 곰취장아찌…116
39 갈빗집 무절임…118
40 꽈리고추멸치볶음…120
41 소고기고추장볶음…122
42 새우깡…124
43 만능 고기볶음…125
44 버섯달걀고기볶음…126
45 로메인고기볶음…128
46 고기볶음달걀말이…130
47 가지양파볶음…132
48 풋호박새우젓찜…134
49 자반고등어찜…135
50 탕평채…136
51 미역줄기잡채…138

009

CHAPTER 4
쌀밥과 라면은 잊자! 밥 & 면 대용식

52 3분 곤약쌀밥…142
53 간장들기름달걀프라이…144
54 양배추볶음…145
55 단호박과 가염 버터…146
56 콜리플라워달걀볶음밥…148
57 대패삼겹살쌈장볶음밥…150
58 치즈깍두기밥…152
59 장조림비빔밥…154
60 소고기고추장볶음 아보카도 비빔볼…155
61 구운 명란덮밥…156
62 치킨마요덮밥…158
63 기내식 비빔밥…160
64 피조개비빔밥…162
65 정어리통조림쌈밥…164
66 삼겹살콩나물밥과 달래간장…166
67 단단일 김치볶음밥…168
68 간짜장덮밥…170
69 손말이 불고기김밥…172
70 삼겹살김밥…174
71 잣국수…176
72 안동국시…177
73 육쌈쫄면…178
74 골뱅이비빔국수…180
75 국물떡볶이…182

CHAPTER 5
특별한 반찬과 일품요리

76 바지락고추볶음…186
77 오징어볶음…188
78 돼지고기김치두루치기…190
79 유장 생선구이…192
80 고추장불고기와 양배추쌈…194
81 부추오리주물럭…196
82 소고기시래기찜…198
83 묵은지시래기등뼈찜…200
84 파불고기…202
85 백김치찜…204
86 수미네 한 마리 닭찜…206
87 기사식당 돼지갈비…208
88 갈비찜…210
89 애니쉬 핀란드 대패삼겹살…212
90 고추장닭구이…214
91 키토 맛초킹…216
92 돼지껍데기족편…218
93 족발…220
94 매운 족발…222

CHAPTER 6
온몸이 뜨끈~
건강한 국물 요리

95 사골국…226

96 사골갈비탕…227

97 간단 돼지국밥…228

98 젓국갈비…230

99 양지미역국…232

100 가자미미역국…234

101 매생이굴국…236

102 사골콩나물김칫국…238

103 참치짜글이…239

104 토마토고추장찌개…240

105 김치청국장찌개…242

106 코다리달걀탕…244

107 코다리된장찌개…246

108 고등어추어탕…248

109 얼큰 숙주삼겹탕…250

110 장어탕…252

111 소고기버섯전골…254

112 낙지삼계탕…256

113 뼈다귀해장국…258

114 동대문 닭한마리…260

115 무닭볶음탕…262

CHAPTER 7
키토 한식을 완성하는
장 / 젓갈 / 김치

116 진주표 키토 고추장…266

117 초고추장…268

118 견과류 쌈장…269

119 진주표 키토 마요네즈…270

120 새우젓…272

121 매가리젓…274

122 멸치젓…276

123 삼겹살용 멜젓…277

124 양념 갈치속젓…278

125 오이부추김치…280

126 절임 배추로 만드는 백김치…282

127 절임 배추로 만드는 김장 김치…284

요리명으로 찾아보기…286

011

계량은 요리의 기본!

늘 같은 맛을 내려면 계량을 정확히 하는 것이 도움이 돼요. 계량스푼의 용량은 세계 공통이지만 계량컵은 나라마다 달라요. 우리나라는 보통 200ml 계량컵을 쓰지만 이 책에서 1컵은 240ml를 기준으로 했어요.

- 1큰술 = 15ml
- 1작은술 = 5ml
- 1컵 = 240ml

☑ '수북이', '모자라듯' 등의 특별한 언급이 없으면 모든 계량은 계량스푼/계량컵의 윗면이 평평하도록 가득 채운 상태가 기준이에요.

☑ 액체나 페이스트 형태의 재료는 계량스푼의 윗면이 평평해지도록 가득 채우는 것이 기준입니다.

☑ 가루류는 눌러 담거나 흔들지 말고 자연스럽게 수북이 뜬 후 윗면을 평평하게 깎아 계량합니다.

대충/눈대중 계량법

한식은 정교하게 재료의 양을 맞추어야 제대로 된 결과물이 나오는 베이킹과는 달리 재료의 양이 조금 많거나 적다고 맛의 차이가 크게 나지 않기 때문에 어림짐작 계량으로도 큰 문제 없이 요리할 수 있어요. 자주 사용하는 채소 몇 가지는 무게가 아닌 1/2개, 1/4개 등으로 표기한 경우가 있는데 다음 기준입니다.

- 대파 1대 = 100g
- 양파 1개 = 200g
- 오이 1개 = 200g
- 팽이버섯 1봉지 = 150g(밑동을 자른 후 100g)

사진의 크기 정도의 양파가 200g 정도이다.

TIP 계량스푼이 아닌 일반 밥숟가락을 사용할 경우가 있다면 어른 스테인리스 밥숟가락의 용량을 1½작은술(약 7ml-액체는 가득, 가루는 적당히 소복한 정도) 정도로 생각하면 됩니다.

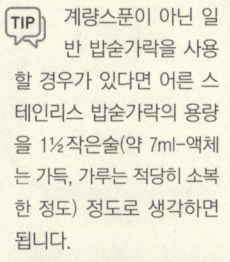

TIP 계량스푼을 새로 구입한다면 스푼의 형태가 평평한 것보다 오목한 것이 좋아요. 오목할 수록 계량을 쉽고 정확하게 할 수 있답니다.

액체나 페이스트 형태의 재료는 계량스푼의 윗면이 평평해지도록 가득 채워 계량해요.

가루류는 눌러 담거나 흔들지 말고 수북이 뜬 후 윗면을 평평하게 깎아 계량하세요.

조리 도구, 이 정도는 갖춰야 편리해요!

요리 초보자일수록 기본적인 조리 도구는 갖추는 게 좋아요. 요리를 하고자 결심했다면 가장 1순위로 계량도구를 장만해야 하고요. 슬라이서, 스파이럴라이저, 차퍼 등은 칼질에 서툰 경우 재료를 썰고 다지는 데 편리하게 사용할 수 있어요.

제가 주로 쓰는 도구들을 소개해 드릴게요. 몇 개를 제외하고는 어느 집이나 흔히 사용하는 도구들이랍니다.

계량스푼, 계량컵, 저울
키토제닉 식단을 위한 필수 도구라 할 수 있어요. 요리 초보자라면 장만하시길 권해요.

슬라이서(채칼)
채소를 가늘게 또는 얇게 썰거나 양배추를 곱게 채 썰 때 편리해요. 칼질이 서툴다면 필수 도구라고 할 수 있죠. `사용례` 오이들기름 깨무침

샐러드 스피너
생채용 나물의 물기를 제거하거나 채 썬 양배추를 씻을 때 편리해요.
`사용례` 참나물무침, 부추 손질

미니 믹서
마른 재료를 갈거나 채소와 양념을 함께 갈 때 필요해요.
`사용례` 고추장용 고춧가루 갈기, 멸치 가루 만들기, 갈비찜

찜기
있으면 편리하지만 없으면 구멍이 뚫린 찜용 삼발이와 일반 냄비를 사용해도 충분해요. `사용례` 자반고등어찜

스파이럴라이저(spiralizer)
주키니 등 채소를 국수 모양으로 자를 때 필요합니다. `사용례` 안동국시의 주키니 면

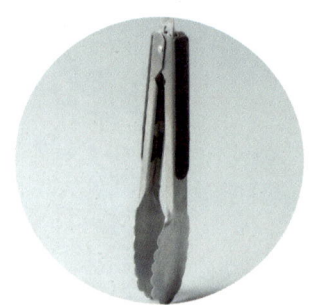

스테인리스 집게
고기를 구울 때나 데친 채소를 건질 때 편리하게 사용해요.

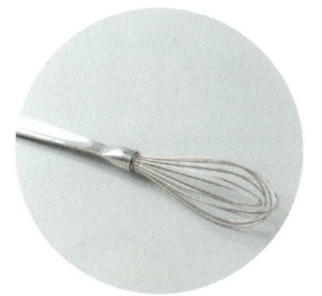

손거품기

마요네즈 만들 때 필요해요.

거품망

고기 국물 조리 시 떠오르는 거품을 걷어내기 편리해요. 사용례 양지를 고아 만드는 미역국, 낙지삼계탕, 사골갈비탕

차퍼나 큰 구멍 치즈 그레이터

콜리플라워를 쌀알 크기로 자를 때 필요합니다. 사용례 대패삼겹살 쌈장 볶음밥

스탠드형 지퍼백

밑판이 넓고 빳빳한 비닐 재질의 스탠드형 지퍼백은 가루류나 소분된 국물 따위를 냉동실 문에 세워 보관할 수 있어 편리합니다. 사용례 멸치 가루, 소량의 사골국

깨절구

깨를 미리 빻아두면 산패되기 쉬우므로 적은 양의 통깨를 그때그때 빻아 쓰기 위해 필요합니다. 사용례 콩나물무침, 시금치나물

기름 튐 방지 뚜껑

프라이팬에 생선이나 고기를 구울 때 사용하면 기름은 덜 튀게 하면서 겉면을 바삭하게 구울 수 있어요.

파채 기계

자주 쓰는 도구는 아니지만 많은 양의 파채를 만들 때는 유용하지요. 사용례 파불고기

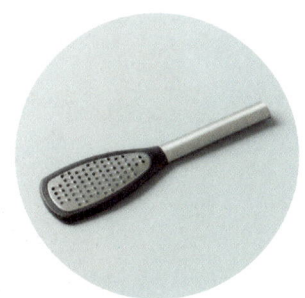

작은 구멍 치즈 그레이터

소량의 다진 생강이나 마늘이 필요할 때 편리해요.

요리 용어를 알아두면 쉬워져요!

이 책에서 쓰인 썰기 표현들을 알아봐요

요리는 재료 손질이 반이죠. 요리에 따라 재료를 써는 방법도 여러 가지인데요. 다음 몇 가지 써는 방법만 익혀두면 요리가 훨씬 쉬워질 거예요.

깍둑썰기
큐브 모양으로 썬다.

원형 썰기(슬라이스)
주로 둥근 형태의 채소를 썰 때 많이 쓴다.
모양 그대로 일정한 간격으로 썬다.

송송 썰기
파, 고추, 미나리 같은 채소를 모양대로 얇게 썬다.

반달 썰기
동그란 재료를 반으로 가른 후 적당한 두께로 썬다.

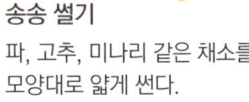

어슷 썰기
길쭉한 재료를 사선 방향으로 썬다.

채 썰기
얇게 슬라이스한 다음 원하는 굵기가 되도록 가늘게 썬다.

나박 썰기
재료를 직사각형으로 자른 후 납작하게 썬다.

삐치기
칼로 연필을 깎듯 재료를 끝에서부터 비정형적인 모양으로 도톰하게 도려낸다.

면처럼 썰기
채소면을 만들 때 쓰는데 스파이럴 라이저를 사용한다.

 **이 책에서 쓰인 조리 표현들을 알아봐요**

- **살살 버무린다**
  쉽게 짓무르거나 상처 나기 쉬운 재료를 양념할 때 젓가락을 이용해 조심스레 섞거나 손으로 아래 재료를 위로 들어 올려주며 재료가 다치지 않게 섞는 것을 말해요. 예) 참나물무침, 부추무침 등

- **조물조물 무친다**
  재료에 양념이 배어들게 한다는 기분으로 손끝에 힘을 주어 무치는 것을 말해요. '조물딱'이라는 단어의 느낌을 떠올려보세요. 예) 불린 묵나물에 양념할 때 등

- **한소끔 끓인다**
  국물 전체가 고르게 부글부글 끓어오를 때까지 한 번 끓이는 것을 말해요.

- **뭉근히 끓인다**
  국물 표면이 부글거리며 끓지 않을 정도의 세지 않은 불을 유지하며 일정 시간 지속하여 끓이는 것을 말해요.

- **약한 불, 중간 불, 센 불**
  가스레인지 기준으로 중간 불은 불꽃의 끝이 냄비나 팬의 바닥에 닿을 듯 말 듯한 정도, 약한 불과 센 불은 사용하는 가스레인지 불꽃 조절 단계에서 제일 약한 단계나 센 단계를 맞추면 됩니다.

해피 키토 한식에서 쓴 양념을 알아볼까요?

에리스리톨
여러 가지 천연 감미료가 시판되고 있는데 에리스리톨은 음식 맛에 특별한 영향을 주지 않아 설탕을 대체하여 쓰고 있어요. 에리스리톨의 단맛은 설탕의 70% 정도인데 설탕처럼 수분에 쉽게 녹지 않으므로 곱게 갈아서 분말 형태로 썼어요. (이 책에서 쓰인 에리스리톨은 분말 상태로 계량했어요.)

조리용 오일
기본 조리용 오일로는 라드(돼지고기 지방을 정제한 것)와 아보카도 오일을 사용했고 음식의 향을 해치지 않는 경우라면 올리브 오일도 적극 활용했어요. 차갑게 식혀서 먹거나 냉장고에 보관했다가 먹는 음식에는 아보카도 오일을 사용했답니다. (식용유로 많이 사용하는 콩기름, 카놀라유, 포도씨유 등은 산화되기가 쉽고 산화된 기름은 염증 수치를 올리므로 좋지 않아요.)

리퀴드 아미노스
밀 없이 콩으로만 만든, 간장 맛을 내는 소스이며 진간장 대용으로 사용했어요. 일반 진간장과 염도가 비슷하므로 진간장 사용 시에도 같은 양으로 계량하면 됩니다.

국간장
메주를 이용해 집에서 만든 조선간장을 사용했어요. 한식 국물 요리의 간을 맞추거나 나물 간을 맞출 때 사용합니다.

시판 국간장
정확한 계량이 필요할 때나 많이 양이 필요한 장아찌 등에 일괄된 맛을 내기 위해 사용했어요(청정원 햇살담은 국간장과 샘표 맑은 조선간장 사용).

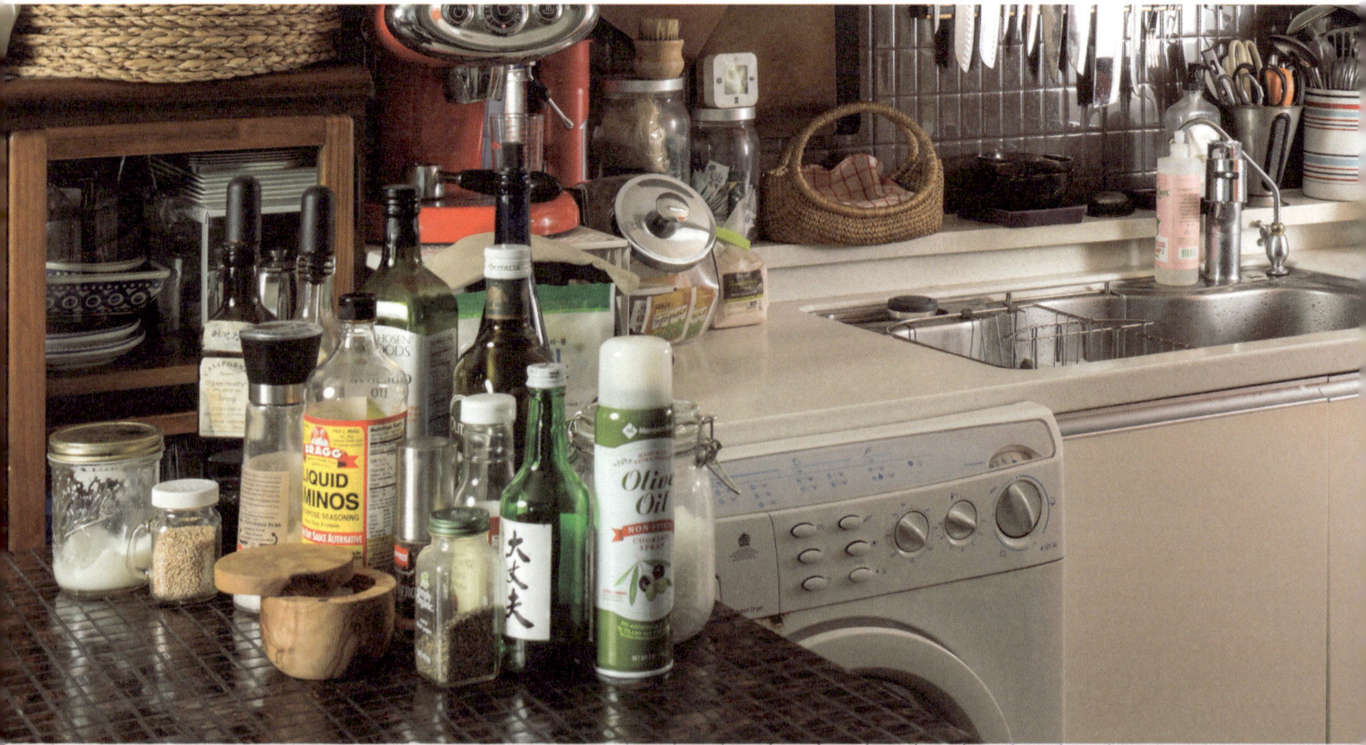

된장
메주를 이용해 집에서 만든 집된장을 사용했고, 고기를 삶을 때 등에는 시판 된장을 사용했는데 근처 마트에서 흔히 구입할 수 있는 된장을 썼어요.

고추장
소금, 에리스리톨, 메줏가루 등 키토식에서도 먹을 수 있는 재료로 직접 만들어 사용했어요. 냉장고에서 2개월가량 보관이 가능해요. 시판 고추장은 탄수화물량이 많아 키토식에서는 금지 식품이에요(진주표 키토 고추장 만드는 법 264쪽 참고).

생들기름
일반식을 할 때 참기름을 넣어 만들던 요리 중 들기름으로 대체해도 어울리는 요리에는 모두 생들기름을 사용했어요. 저는 아버님이 텃밭에서 길러 보내주신 들깨를 방앗간에서 직접 짜서 먹어요. 생들기름을 구입한다면 재료가 좋은 것을 선택하고 늘 냉장 보관해야 해요. (들기름은 산폐 속도가 참기름보다 빨라요.)

참기름
지방 섭취를 위한 기름으로는 적합하지 않으나 참기름이 들어가야 맛이 나는 요리에는 맛내기용 양념으로 소량씩 사용했어요.

어간장
어간장은 두도식품의 어간장을 사용했어요. 생선과 소금만을 사용해 만든 액젓으로 끓여서 거른 제품이라 냄새나 맛이 순한 편이에요. (어간장 대신 멸치 액젓이나 까나리 액젓을 사용해도 괜찮아요.) 저는 김치를 만들 땐 일반 액젓을 사용하고 그 외 요리에는 어간장을 쓰고 있어요.

요리용 맛술
단맛이 없는 증류식 소주를 사용하면 좋아요. 희석식 소주를 권하지는 않지만 희석식 일반 소주를 쓸 경우는 당질이 적게 든 제품을 선택하세요.

소금
- **고운 입자의 구운 소금** 특별한 언급이 없으면 이 소금을 말해요. 마트에서 흔히 살 수 있는 제품을 사용했어요.
- **꽃소금** 채소를 데칠 소금물을 만들 때와 고추장을 만들 때, 기타 소량의 채소를 절일 때 사용했어요. 사골국의 간을 맞출 때에도 꽃소금이 어울려요.
- **김장용 왕소금(김치용 천일염)** 젓갈을 담글 때, 김치용 채소를 절일 때 사용해요. 또 도톰한 돼지고기를 구울 때나 등 푸른 생선을 그릴에 구울 때 잘 어울려요. 국물 요리나 매운탕 등의 최종 간을 맞출 때에도 소량 사용하면 감칠맛을 내준답니다.

식초
애플사이더 식초(Kevala 제품이 향이 덜한 편이라 요리에 주로 사용)를 기본으로 사용하고 장아찌 등을 담글 때에는 저렴한 하인즈의 화이트 식초를 사용했어요.

메줏가루
고추장 만들 때 필수 재료. 곡류가 들어가지 않고 국산 콩만을 사용해 발효시킨 메주로 만든 것을 선택해 사용했어요. 구입 후에는 밀봉해 냉장 보관해야 해요.

고춧가루
저는 아버님이 텃밭에 길러 빻아 보내주시는 것을 사용하고 있어요. 구입 시에는 국산 고추를 사용해 씨를 제거하고 빻은 것을 선택하세요.

생강가루
양념에 가능한 한 수분이 들어가지 않아야 하는 경우에 사용하기 좋고 생강을 다지거나 썰 필요가 없어 가끔 쓰기에 편리해요. 가끔 소량씩 필요한 재료이므로 밀봉해 냉장 보관해야 변질을 막고 오래 사용할 수 있어요.

유용한 한식 조미료를 미리 만들어 봐요!

멸치 가루

국물용 멸치의 내장만 제거하고 마른 팬에 수분을 날리듯 볶은 후 미니 믹서에 곱게 갈아요. (대가리도 함께 갈아줍니다.) 잔멸치로 만들어도 좋아요. 잔멸치는 통째로 마른 팬에 볶은 후 곱게 갈아줍니다. 멸치 가루는 밀봉해 냉동실에 보관하는데, 이때 스탠드형 지퍼백을 이용하면 편리하답니다.

만능 매운 양념장

고춧가루 2 : 단맛 없는 증류식 소주 2 : 국간장 1 : 어간장 1 : 마늘 0.5~1
비율대로 섞어서 냉장 보관했다가 찌개나 조림류에 기본양념으로 쓰고 요리에 따라 기타 양념을 추가하세요.

고춧가루 2 + 소주 2 + 국간장 1 + 어간장 1 + 마늘 0.5~1

시원하고 칼칼한 국물 요리
만능 매운 양념장 + 국간장 혹은 김장용 굵은 소금
버섯전골, 동태탕, 알탕, 아귀탕 등에 잘 어울려요.

기름기 많은 생선 매운탕
만능 매운 양념장 + 된장 약간 + 김장용 굵은 소금
연어 머리나 서더리 매운탕에 잘 어울려요.

등 푸른 생선 조림
만능 매운 양념장 + 된장 + 에리스리톨 + 리퀴드 아미노스
고등어, 삼치, 방어 조림 등에 사용해요.

달짝지근한 조림 요리
만능 매운 양념장 + 에리스리톨 + 리퀴드 아미노스
닭볶음탕, 생선조림 등에 사용합니다.

고기와 함께 초스피드 간단 양념

생들기름 소금장	생들기름 적당량 + 소금 적당량 + 후추 약간
고추 어간장 소스	어간장 1큰술 + 생들기름 2작은술 + 에리스리톨 1/2작은술(선택) + 다진 마늘·통깨 약간 + 잘게 썬 고추 4~5개 분량 ※ 잘게 썬 고추에 소스를 버무려 한 시간 이상 둔 후 먹는다.
초간장 겨자 소스 고깃집에서 양파채와 부추에 끼얹어 나오는 소스	리퀴드 아미노스 2큰술 + 애플사이더 식초 2큰술 + 에리스리톨 1큰술 + 생수 2큰술 + 연겨자 1작은술 ※ 소스를 고루 섞어놨다가 채 썬 양배추, 양파, 부추에 먹기 직전 끼얹는다.
초간장 소스	리퀴드 아미노스 2큰술 + 애플사이더 식초 2큰술 + 에리스리톨 1큰술 + 송송 썬 양파와 고추 넉넉하게 ※ 양파와 고추에서 채소 수분이 나오도록 한 시간 이상 둔 후 먹는다
생들기름 새우젓	새우젓 1큰술 + 생들기름 1작은술 + 고춧가루·통깨 약간
초고추장	진주표 키토 고추장 2큰술 + 애플사이더 식초 2큰술 + 에리스리톨 2~3작은술 + 리퀴드 아미노스 1작은술 + 생들기름이나 참기름 약간, 통깨 약간

초고추장 육전이나 전류에 딱 좋고 의외로 삶은 돼지고기와도 잘 어울려요.

생들기름 소금장 삶은 소고기, 구운 돼지고기와도 잘 어울리고 문어 숙회나 전복 등 해산물을 찍어 먹어도 맛있어요.

초간장 소스 삶은 소고기, 기름기 많은 부위의 소고기 구이나 곱창 구이에 어울려요.

생들기름 새우젓 족발, 삶은 돼지고기와 잘 어울려요.

초간장 겨자 소스 채 썬 양배추, 부추와 양파에 뿌려내요. 모든 종류의 구운 고기와 잘 어울려요.

고추 어간장 소스 구운 돼지고기와 잘 어울려요!

해피 키토 한식에서 필요한 장보기를 알아볼까요?

떨어지지 않게 늘 마련해 두어야 하는 것

《해피 키토 한식》에서 사용되는 양념	18~19쪽에 있는 양념 모두는 상시 구비할 것
사골 국물	직접 만들어 냉동 보관하여 사용, 구입 시에는 가능한 한 첨가물이 적은 제품으로 선택할 것
동물성 단백질 및 지방 함유 식재료	달걀, 고기, 생선 등 동물성 단백질과 지방을 섭취할 수 있는 식재료 중 최소한 한 가지 이상은 상시 구비할 것
채소 몇 가지	생으로 혹은 굽거나 볶아서 바로 먹을 수 있는 양배추, 호박, 버섯, 양파 등은 늘 필요한 채소
향신 채소	양념으로 자주 쓰이는 대파, 마늘, 양파는 필수템!

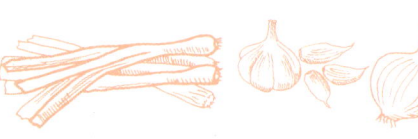

자주 조금씩 장 볼 것

잎채소와 채소류	쌈 채소, 콩나물이나 숙주, 시금치나 참나물, 호박, 버섯, 브로콜리 등
고기류, 생선이나 해물류	얼리지 않은 돼지고기, 닭고기, 소고기 등 냉장육과 갈치, 가자미, 청어 등 신선한 생선. 조개류, 새우나 꽃게, 오징어 같은 신선한 해산물
말리지 않은 해조류	생미역, 매생이

한 번씩 구입해 두면 좋은 것
(오래 보관 가능)

- **묵나물(건나물)**
  벌레가 생길 수 있으니 건냉한 장소에 보관하되 가능하다면 냉장 보관하는 것이 좋아요.

- **마른 해조류**
  미역, 다시마는 건냉한 장소에 보관하고, 김은 색과 향이 변하니 냉장이나 냉동 보관해요.

- **염장된 해조류**
  염장 미역 줄기, 염장 꼬시래기 등은 소금에 버무려진 채로 냉장 보관합니다.

- **건어물**
  멸치나 새우, 오징어, 황태 등은 밀봉해 냉동 보관합니다.

- **진공 포장된 냉동 생선이나 고기류**
  생선이나 고기류는 신선한 걸 조금씩 자주 구입해 먹는 게 좋지만 적은 양씩 '진공 포장'되어 냉동된 것은 장보기가 여의치 않을 때 요긴하게 쓰이니 추천해요.

- **곤약**
  쌀알 모양과 국수 모양을 주로 사용하는데 국수 모양 곤약은 우동, 칼국수, 소면, 파스타면 등 다양한 형태의 제품이 시판 중이므로 요리에 어울리는 것을 선택하면 됩니다. 쌀알 모양 곤약은 밥 대용으로 쓰이는데 건조된 형태가 아닌 물과 함께 포장된 것을 사용하세요(건조된 형태의 '곤약쌀'은 전분 함유량이 많아 탄수화물량이 높으므로 주의할 것). 마트에서는 보통 냉장 코너에서 곤약을 판매하지만 포장을 뜯기 전에는 실온 보관이므로 서늘한 곳에 두면 됩니다.

- **미역 국수**
  국수 모양 곤약보다 좀 더 부드러운 식감이며 살짝 미역 향이 납니다. 곤약 국수보다 더 부드러운 식감이 필요한 요리에 사용하며 전분 등이 함유되지 않은 제품을 골라야 해요. 미역 국수는 곤약과는 달리 꼭 냉장 보관해야 합니다.

채소 손질과 보관에도 요령이 있어요!

✅ 부추 보관하기

부추는 금방 상하는 채소라 오래 두고 먹기가 쉽지 않죠. 일주일 혹은 그 이상까지 부추를 싱싱하게 보관하며 먹을 수 있는 방법을 알려드릴게요. 남편과 저 모두 부추를 좋아해서 자주 먹는 편인데 이런저런 방법으로 보관해 보다가 정착한 방법이에요.

부추는 시들수록 손질하기 힘드니 사 온 당일에 무조건 손질해야 해요. 그리고 구입할 때부터 무조건 싱싱한 걸로! 상태가 시들하다면 아무리 저렴해도 절대 사지 마세요. 내 노동력이 더 소중하니까요~.

①
②
③
④

① 부추를 묶인 상태에서 끄트머리를 조금 잘라내고 묶음을 풀어 깨끗이 씻으세요. 이때 시들거나 좀 비실한 것들은 골라내세요.

② 원하는 길이로 잘라주는데, 잘 드는 칼을 사용하세요. 잘린 단면이 짓뭉개짐 없이 깨끗해야 빨리 무르지 않거든요.

③ 자른 부추를 샐러드 스피너에 돌려서 물기를 뺀 후 지퍼 백에 담는데 이파리 중간에 조금이라도 꺾이거나 상처 난 조각이 있으면 거기부터 짓무르기 시작하니까 그런 것들을 최대한 골라내고 담아야 오래 싱싱하게 보관할 수 있어요.

④ 공기가 들어가게 해서 지퍼 백을 잠근 후 냉장 보관해요.

⊘ 대파 보관하기

이 방법으로 보관하면 한 달 이상 싱싱한 상태의 대파를 먹을 수 있어요.

1. 길이가 긴 용기에 청소용 부직포 1장을 깔아주세요. (키친타월은 시간이 지나면 수분에 젖어버리기 때문에 청소용 부직포가 좋아요.)
2. 대파는 잔뿌리만 바짝 가위로 자른 후 씻지 말고 용기 길이에 맞춰 자르세요.
3. 부직포 위에 대파를 일부 올리고 다른 부직포로 덮은 후 다시 대파 – 부직포 – 대파 순서로 담아요. (용기 위로 수북이 올라와도 뚜껑으로 꽉 눌러 덮으면 됩니다.)
4. 이 대파 통을 김치냉장고 채소칸이나 냉장고에 두고 쓰면 돼요.

⊘ 새우젓 보관하기

새우젓을 냉장고에 보관하면 삭으면서 색이 노랗게 변해요. 냉동실에 보관하면 오랜 시간이 지나도 처음과 똑같은 상태로 유지됩니다. 새우젓은 염분이 많기 때문에 냉동실에서도 얼지 않아요.

⊘ 레몬즙 보관하기

시판 레몬즙은 아무래도 직접 짠 것보다 맛도 덜하고 어쩌다 한 병 사더라도 다 못 쓰고 유통 기한을 넘겨서 버리기 십상입니다. 레몬이 저렴할 때 넉넉히 사서 직접 즙을 내어 냉동 보관하면 필요할 때마다 신선한 레몬즙을 쓸 수 있어요. 플라스틱 얼음틀에 넣어 얼려도 되지만 뚜껑이 없을 경우 밀폐가 되지 않아 안 좋은 냄새가 밸 수 있으니 비닐로 된 얼음틀을 권합니다. 1개씩 잘라 쓰면 되고 1개 용량은 1큰술 정도이므로 계량하기도 쉽답니다. 이렇게 보관해 두면 초고추장이나 새콤한 냉채 등을 만들 때 요긴해요.

⊘ 생강 보관하기, 생강술 만들기

껍질을 벗긴 생강을 적당히 잘라 단맛 없는 증류식 소주에 담가두면 보관도 할 수 있고 동시에 생강 향 나는 요리 술도 만들어집니다. 냉장고에 보관하면 아주 오랫동안 쓸 수 있어요. 생강이 필요할 땐 건져서 사용하면 되고, 돼지고기 요리 등에 술이 필요할 땐 생강 향이 배어든 술을 쓰면 됩니다.

✓ 얼갈이배추 데쳐서 얼리기

나물 등을 만들고 남은 얼갈이배추가 있다면 데쳐서 얼려놨다가 다음에 쓸 수 있어요. 깨끗이 씻은 얼갈이배추를 끓는 소금물에 줄기 부분부터 넣고 잠시 기다렸다가 잎 부분까지 넣어 살짝 데친 후 건져서 찬물에 바로 담가 열기를 빼주세요. 먹기 좋게 자른 후 적당량씩 일회용 비닐봉지에 담고 물을 약간 넣은 후 공기를 빼고 잘 묶어 얼리면 됩니다. 물을 약간 넣는 이유는 얼갈이배추가 냉동 보관 중에 마르면서 질겨지는 걸 방지할 수 있기 때문이에요. 사용할 땐 비닐봉지째 녹인 후 물기를 꼭 짜서 바로 요리하면 됩니다. 얼린 얼갈이배추는 국을 끓일 때 넣기 좋아요. 고등어 추어탕이나 뼈다귀해장국 등을 만들 수 있어요.

✓ 고춧가루 보관하기

고춧가루는 오래되면 색이 바래는데 이땐 맛도 향도 덜해져요. 고춧가루는 벌레도 잘 생기는 재료이니 바로바로 쓸 것은 꼭 냉장고에 보관하며 쓰고, 많은 양을 보관할 땐 잘 밀봉해 냉동실에 넣어둬야 색이나 맛이 변하지 않아요.

✓ 시래기 보관하기

마른 상태의 시래기가 충분히 잠기도록 찬물을 부어 불에 올린 후 끓기 시작하면 불을 줄이고 약한 불에 20분간 끓인 다음 불을 끄고 하룻밤 그대로 둡니다. 다음 날 시래기를 여러 번 깨끗하게 헹군 후 겉도는 껍질을 벗기고 한 번 사용할 만큼씩 비닐봉지에 나눠 담고 물을 부어 얼리면 돼요. 물과 함께 냉동해야 수분이 날아가지 않아서 시래기가 질겨지는 것을 방지할 수 있어요.

✓ 콩나물, 숙주 보관하기

콩나물이나 숙주는 사용하고 일부가 남으면 곧잘 무르고 상해 버리는 재료이지요. 남은 콩나물이나 숙주는 밀폐 용기에 담아 재료가 잠기도록 찬물을 채운 후 뚜껑을 닫아 냉장고에 넣어두면 그냥 두는 것보다 훨씬 오래 보관할 수 있어요. 하루에 한 번씩 물만 새로 갈아주면 일주일 정도는 보관이 가능해요.

✅ 콜리플라워 라이스 만들기

콜리플라워 라이스는 쌀알 크기로 자른 콜리플라워를 말하는데 두 가지 방법으로 쉽게 만들 수 있어요. 콜리플라워를 한입 크기 정도로 잘라 씻어서 물기를 뺀 후 차퍼에 잘게 잘라 만들거나, 콜리플라워를 자르지 않고 덩어리째 씻어서 물기를 뺀 후 치즈 그레이터의 큰 구멍을 이용해 갈아서 만들면 됩니다. 저는 콜리플라워를 씻기가 용이한 첫 번째 방법을 선호해요.

- 칼을 이용해 직접 다지는 방법은 생각보다 쉽지 않으니 시도도 하지 마세요.
- 냉동된 콜리플라워로는 콜리프라워 라이스를 만들기가 힘드니 생콜리플라워를 사용하세요.

콜리플라워 라이스 보관하기

쌀알 크기로 자른 콜리플라워는 한 번 사용할 양만큼 (볶음밥을 할 경우 1인당 150~200g 정도면 적당해요) 소분해 비닐봉지에 담고 공기가 들어가지 않도록 밀봉한 후 냉동해 두면 편해요. 사용할 땐 해동하지 않고 언 채로 잘게 부수기만 해서 바로 볶으면 됩니다. 이때 센 불에 볶아야 물기가 덜 생겨 질척해지지 않아요.

✅ 양배추 씻기

양배추는 농약 잔여물이 많은 채소라고 하지만 겹겹이 붙어 있어 깨끗이 씻기가 쉽지 않지요. 양배추를 채 썰거나 잘라서 물에 담가 여러 번 헹구면 깨끗하게 세척할 수가 있어요. 세척 후에는 샐러드 스피너에 돌려서 물기를 뺀 후 사용하면 됩니다. 브로콜리나 콜리플라워도 같은 방법으로 세척하세요.

▲ 샐러드 스피너 사용 전

▲ 샐러드 스피너 사용 후

✓ 묵나물(건나물) 불리기

잎과 줄기를 건조한 나물과 열매를 건조한 나물을 불리는 방법은 각각 달라요.

■ **잎과 줄기가 있는 나물** 시래기, 취나물, 고사리, 고구마순, 부지깽이 등

1. 재료가 충분히 잠기게 찬물을 부은 후 불에 올린다.
2. 물이 끓으면 중간 불로 줄이고 20분간 끓인다.
3. 불을 끄고 그대로 12시간 둔다.
4. 나물에 남아 있는 흙이나 불순물이 없도록 여러 번 헹군다. 특히 시래기는 흙이 많으므로 충분히 헹구어준다.

■ **열매 나물** 호박고지, 말린 가지 등

1. 재료가 충분히 잠기게 찬물을 부은 후 불에 올린다.
2. 물이 끓으면 불을 끄고 그대로 20분간 둔다.
3. 찬물에 헹군다.

✓ 고추의 씨를 제거하는 4가지 방법

요리 과정에서 고추를 쓸 때는 '고추의 씨를 제거한다'는 설명을 하지 않아도 기본적으로 씨를 제거하고 조리했어요. 고추의 씨를 제거하는 일은 크게 어렵지 않지만 그 이점은 많기 때문이죠. 고추의 씨를 제거하면 매운맛이 줄어 덜 자극적이고, 렉틴도 줄일 수 있어 렉틴에 예민한 사람에게 좋아요. 또 음식이 한결 깔끔해져 보기에도 좋고요. 필요한 고추의 양이나 용도에 따라 편한 방법으로 제거하면 됩니다.

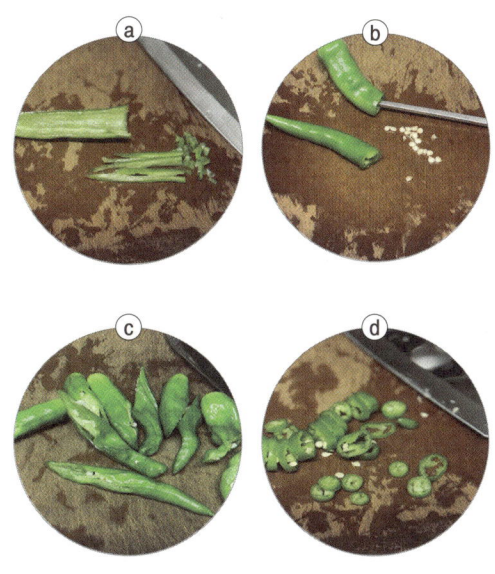

a. **길게 반 갈라 씨 부분을 제거** 잘게 다지거나 채 썰어 사용할 수 있어요.

b. **반 잘라 젓가락으로 제거** 고추를 반으로 자른 후 젓가락을 넣어 씨를 파내고 흐르는 물에 헹구면 됩니다. 고추의 동그란 단면을 살리고 싶을 때 적합해요.

c. **어슷하게 반 잘라 물에 담가 제거** 꽈리고추처럼 고추가 통으로 필요한 경우에는 가운데 부분을 어슷하게 잘라 단면이 넓어지도록 한 후 물에 넣어 여러 번 흔들어주며 제거합니다. 고추를 하나씩 잡고 물속에서 살짝 비벼주면 씨가 잘 분리돼요.

d. **송송 썰어 물에 흔들어 제거** 동그란 모양을 살려 송송 썰거나 어슷하게 썰어서 물에 담가 흔들어 씨를 제거합니다.

✓ 버섯 손질하기

버섯은 씻지 않고 사용해도 되지만 저는 유통 과정에서 묻었을 먼지만 제거한다는 정도로 살짝 헹궈서 사용해요. 버섯의 스펀지 같은 조직이 수분을 흡수해서 맛이 없어질 수 있으니 물에 오랫동안 닿지 않도록 재빠르게 씻어주세요. (레시피에 별도의 설명이 없어도 살짝 헹궈주세요.)

요리 수업을 하다 보니 팽이버섯 손질을 난감해하는 분들이 있어서 제가 하는 방법을 소개할게요. 팽이버섯의 비닐 포장을 벗겨내고 지저분한 밑동 부분을 손으로 꽉 움켜쥔 후 흐르는 물에 재빠르게 씻어 물기를 탈탈 털어주세요. 손으로 밑동 부분을 계속 잡고 있는 상태에서 가로로 윗부분만 잘라 사용하면 됩니다.

08 채소 데치기 & 익히기, 어렵지 않아요!

✓ 소금물에 채소 데치기

+ 시금치처럼 부드러운 나물은 끓는 소금물에 넣어 숨이 죽으면 바로 건져 찬물에 담가 열기를 빼준 후 무친다. 약간의 어간장에 소금, 참깨, 참기름을 넣어 무치면 어울린다.

+ 얼갈이배추나 배추, 열무처럼 잎과 줄기가 함께 있는 뻣뻣한 채소는 끓는 소금물에 줄기 부분부터 넣고 잠시 후 잎 부분을 마저 넣어 숨이 죽으면 건져 찬물에 담가 열기를 빼준 후 무친다. 된장이나 고추장에 어간장이나 국간장으로 간하고 생들기름을 넉넉히 넣어 무치면 어울린다.

+ 쫄면이나 냉채 등에 익힌 콩나물이 필요할 땐 끓는 소금물에 4분 정도 익힌 후 찬물에 담가 열기를 뺀 후 사용한다.

✓ 나물용 콩나물 익히기 (200g 기준)

1. 콩나물을 깨끗이 씻어서 건진 후 냄비에 담고 물을 2큰술 넣는다.
2. 냄비 뚜껑을 닫고 불에 올린 후 바닥의 물이 끓고 김이 나기 시작하면 약한 불로 줄여 7분간 익힌다. (냄비 뚜껑은 중간에 열지 않는다.)
3. 뚜껑을 열어 여분의 물기를 따라내고 콩나물이 뜨거울 때 양념을 넣어 바로 무친다.

✓ 전자레인지에 나물이나 채소 간단히 익히기

많지 않은 양일 때는 전자레인지를 이용하면 간편합니다.

시금치 (100g 기준)

1. 시금치의 뿌리를 제거하고 씻은 후 물기가 있는 상태 그대로 내열 용기에 담는다.
2. 용기에 랩을 씌워 전자레인지 최고 출력(800와트)에서 2분간 익힌다.
3. 랩을 벗기고 시금치를 재빨리 꺼내 찬물에 담가 열기를 식힌 후 물기를 짠다.
   (뜨거운 내열 용기에 찬물을 붓지 않도록 주의한다.)

숙주(100g 기준)

1. 숙주를 씻은 후 물기가 있는 상태 그대로 내열 용기에 담는다.
2. 용기에 랩을 씌워 전자레인지 최고 출력(800와트)에서 2분간 익힌다.
3. 랩을 벗기고 숙주를 꺼내 찬물에 담가 열기를 식힌 후 물기를 짠다. (뜨거운 내열 용기에 찬물을 붓지 않도록 주의한다.)

단호박(300~400g 기준)

1. 단호박의 씨를 스푼으로 제거하고 3cm 너비로 잘라 내열 용기에 담는다.
2. 용기에 랩을 씌워 전자레인지 최고 출력(800와트)에서 4~5분간 익힌다.
3. 젓가락으로 찔러보아 덜 익었으면 1분간 더 익힌다.

가지(중간 크기 3개 기준)

1. 가지는 5cm 길이로 자른 후 두께에 따라 세로로 6~8등분한다.
2. 1의 가지를 내열 용기에 담고 손에 물을 묻혀 가지 위로 3~4번 물을 뿌려준 후 랩을 씌워 전자레인지에서 6~7분간 최고 출력(800와트)으로 익힌다. (5분을 먼저 돌린 후 상태를 보고 1분씩 추가하며 익힌다.)
3. 랩을 벗겨내고 바닥에 흥건하게 고인 수분이 있으면 따라 버린다.
4. 가지가 뜨거울 때 양념을 넣고 젓가락으로 살살 버무린다.

브로콜리(중간 크기 1통 기준)

1. 브로콜리는 한입 크기로 잘라 씻은 후 물기가 있는 채로 내열 용기에 담는다.
2. 용기에 랩을 씌우고 전자레인지 최고 출력에서(800와트) 2분간 익힌다.
3. 브로콜리를 꺼내 찬물에 담가 열기를 식힌 후 체에 밭쳐 물기를 제거한다. (뜨거운 내열 용기에 찬물을 붓지 않도록 주의한다.)

조리 시 알아두면 편리해요!

✓ 생선 종류별로 잘 굽기

가자미, 대구, 명태처럼 지방이 적고 하얀색 살이 부드러운 생선은 기름을 넉넉히 두른 프라이팬에 구워내는 게 맛있어요. 이때 구멍이 뚫린 기름 튐 방지 뚜껑을 덮어 구우면 기름이 덜 튀어 뒤처리가 좀 손쉬워져요.

청어, 고등어, 삼치, 꽁치 같은 등 푸른 생선은 팬에 구워도 좋지만 생선 그릴이 있다면 껍질이 위로 가도록 놓고(고등어처럼 반으로 가른 경우) 껍질 쪽 지방이 녹아서 아래로 스며들도록 구우면 더 맛있답니다. 생선 그릴을 사용할 땐 그릴을 충분히 예열한 후에 키친타월을 이용해 그릴에 오일을 바른 후 생선을 올려놓아야 달라붙지 않아요.

✓ 육고기 종류별로 잘 굽기

고기를 맛있게 잘 굽는 방법은 취향에 따라 다르겠지만 일반적인 방법을 소개하도록 할게요.

• 닭 허벅지살이나 닭 날개

껍질이 있는 닭 허벅지살이나 닭 날개는 구우면 바삭함을 즐길 수 있는 부위예요. 프라이팬에 라드를 두르고 (닭 허벅지살의 경우) 껍질 쪽부터 중간 불 이상에서 구우면 됩니다. 껍질이 노릇한 색이 될 때까지 구워야 바삭해지므로 타지 않도록 주의하며 충분히 구워주세요. 굽기 전 닭고기 겉면의 수분은 키친타월을 이용해 제거한 후 구워야 기름이 덜 튀어요. 소금 간은 굽기 직전이나 구우면서 하는 게 좋고, 구멍이 뚫린 기름 튐 방지 뚜껑을 덮어서 굽거나 뚜껑을 덮지 않고 구워야 바삭하게 구울 수 있어요. 일반 뚜껑을 덮어 구우면 바삭하지는 않지만 부드럽고 촉촉하게 구워집니다.

• **얇은 대패삼겹살이나 우삼겹살**

얇게 잘라놓은 고기라 빠르게 조리되는 장점이 있어요. 일반 프라이팬에 굽거나 볶으면 됩니다. 스테인리스 팬을 사용할 경우 예열을 충분히 하지 않으면 얇은 고기가 다 들러붙어 너덜너덜해지니 주의하세요. 무쇠 팬을 사용할 경우에는 얇은 고기의 특성상 팬의 잔열에도 더 구워져 고기가 너무 건조해질 수 있으니 구워지면 바로 접시에 옮겨 담으세요.

• **구이용 목살이나 삼겹살**

어느 정도 두께가 있는 구이용 목살이나 삼겹살은 무쇠 팬을 이용해 구우면 맛있어요. 충분히 예열한 무쇠 팬에 고기를 올리고 중간 불 이상에서 고기의 겉면이 노릇한 색감이 나도록 구우면 됩니다. 목살의 경우 고기에서 녹아나오는 기름이 적다면 라드 등의 오일을 더해 구워줍니다. 식탁에 팬째 올려놓고 먹으면 잔열로 따뜻하게 먹을 수 있어요. 도톰한 삼겹살을 몇 번 구워 먹으면 무쇠 팬은 반질반질한 시즈닝이 저절로 됩니다.

두툼한 고기는 무쇠 팬에 ~

기름 튐 방지 뚜껑을 덮으면 바삭하게 구울 수 있어요!

일반 뚜껑을 덮으면 촉촉하게 구울 수 있어요!

✅ 채소에 어울리는 나물 조리법

채소마다 어울리는 조리법도 여러 가지. 이것만 알아두면 채소를 이용한 요리, 어렵지 않아요.

- **생으로 먹어도 맛있는 나물과 채소**

참나물, 부추, 봄동, 달래, 오이 등. 어간장이나 국간장으로 기본 간을 하고 고춧가루, 에리스리톨, 다진 마늘 약간에 생들기름이 어울려요.

- **볶아 먹기 좋은 나물과 채소**

배추, 얼갈이배추, 청경채, 양배추, 숙주, 버섯류, 미역 줄기, 브로콜리, 가지, 호박 등

- **고기와 함께 구워 먹기 좋은 채소**

호박, 가지, 버섯류, 미나리, 청경채, 대파, 쪽파, 꽈리고추, 방울토마토, 양배추, 단호박(섭취량에 주의), 양파(섭취량에 주의) 등

- **데쳐서 무쳐 먹기 좋은 나물과 채소**

콩나물, 숙주, 가지, 얼갈이배추, 배추, 열무, 시금치 등

냉동 식재료 해동하기

냉동해 놓은 식재료를 해동해야 할 땐 포장된 채로 하룻밤 냉장실에 두는 게 제일 안전해요. 빠르게 해동해야 할 땐 포장된 채로 찬물에 담가두거나 평평하고 납작한 재료인 경우 위아래로 스테인리스 재질(냄비 바닥 같은)을 밀착시켜 놓는 것도 도움이 돼요.
참고로 프라이팬에 냉동된 생선을 구울 때 해동할 시간이 부족하다면 완전히 해동되지 않은 채 팬에 올려 구워도 되지만, 전을 부치는 경우처럼 달걀물 등의 옷을 입혀야 할 때는 재료를 완전히 해동시킨 후 조리해야 옷이 벗겨지지 않아요.

고기의 핏물 제거하기

한식에선 고기를 이용해 국물을 내는 경우가 많지요. 뼈가 있는 부위를 이용해 국물을 낼 땐 뼈의 핏물을 빼고 조리하는 게 좋아요. 찬물을 여러 번 갈아주며 반나절~한나절 담가 뼈의 핏물을 빼줍니다. 살코기로 맑은 국물을 낼 땐 살코기 덩어리를 찬물에 1시간 정도 담가 핏물을 제거한 뒤 사용하면 보다 깨끗한 국물을 낼 수 있어요. 뼈나 살코기를 이용해 국물을 만들 때 처음 끓어오르는 핏물이 익은 검은 거품을 놓치지 말고 걷어내야 국물로 다시 흩어져 지저분해지는 걸 막을 수 있어요.
살코기를 양념할 때는 핏물을 빼지 않아도 되지만 고기 냄새에 많이 민감한 경우라면 키친타월로 눌러 제거하면 도움이 됩니다.

설거지와 주방 후드 청소는 이렇게!

기름기, 특히 포화 지방이 많은 식재료를 사용하는 키토식의 특성상 일반식을 할 때보다 요리를 하고 나면 뒷정리에 조금 더 신경을 써야 합니다. 기름기를 제대로 처리하지 않으면 문제가 생길 수 있기 때문이죠. 다음 두 가지 요령을 알아두면 조금은 편리해질 거예요.

설거지 요령

요리 수업을 진행하면 참가하신 분들로부터 설거지에 대한 질문을 종종 받곤 합니다. 기름기가 많은 그릇 등 조리 도구를 설거지하기가 너무 힘든데 좋은 방법이 있는지, 어떤 주방용 세제를 쓰고 있는지 등인데요. 솔직히 말하면, 저는 식기 세척기를 쓰고 있어서 기름기 있는 설거지가 힘들다고 생각한 적이 없었어요. 뜨거운 물로 세척해 주고 뜨거운 열기로 소독까지 하면서 뽀송뽀송 건조까지 끝내주기 때문에 이런 고민이 없었죠.

만약 키토식을 시작한 식구나 가까운 친구가 물어 온다면 주저 없이 "식기 세척기를 들여. 무조건 큰 용량으로!"라고 하겠지만, 부엌의 상황이나 여건상 어려운 경우도 있을 거예요.

식기 세척기를 사용하거나 직접 설거지를 하거나 가장 중요한 포인트는 기름기가 많은 요리를 한 뒤에는 설거지에 앞서 조리 기구나 식기에 남아 있는 기름을 키친타월이나 휴지로 말끔히 닦아내는 것입니다. 남아 있는 기름을 그대로 흘려보내는 것은 환경에도 안 좋은 영향을 끼치고 배수관을 막히게 할 수도 있기 때문입니다.

당장은 뜨거운 물에 녹여 흘려보내면 깔끔히 처리되는 것 같지만 배수관을 통해 흘러가던 물이 식으면 기름은 다시 굳어 배수관에 쌓일 수 있어요.

조리용으로 사용한 라드나 고기를 굽고 난 뒤 생긴 기름이 조리 기구나 그릇에 남았다면 소량이더라도 꼭 키친타월 등으로 닦아내고 설거지를 하세요. 또 보쌈 등 고기를 삶아낸 경우도 국물을 바로 버리지 말고 식혀서 윗면에 굳은 기름을 걷어서 따로 버리는 습관을 들이는 게 좋습니다.

후드 관리 요령

기름기 있는 요리를 자주 하다 보면 주방 후드 속에 끈적끈적한 기름이 많이 끼고 여기에 먼지까지 들러붙으니 더 적극적인 관리가 필요합니다.

특히 기온이 높은 여름철이나 오랫동안 사골을 끓이거나 할 때 후드 속의 기름때가 노골노골 녹아서 아래로 떨어지는 경우가 있는데, 그 기름때 방울이 만들고 있던 음식 속으로 들어갈 수도 있다고 생각하면 정말 끔찍한 일이죠. 물론 조리 후 그때그때 청소를 깨끗이 하는 것이 제일 좋겠지만 실상은 어려운 일이기도 합니다.

이럴 때 후드에 부착해서 사용할 수 있는 '후드용 부직포 필터'로 고민을 약간 덜 수 있답니다. 후드 속의 기름때가 녹아서 조리대 아래로 떨어지는 것을 방지할 수 있고 후드 자체에 기름때가 끼는 것도 조금은 막을 수 있으니 한번 사용해 보세요. 가끔 부직포 필터만 교체해 주면 되니 청소도 아주 편리하답니다.

사용하고 있는 후드가 이런 부직포 필터를 사용하도록 설계가 되어 있는 경우에는 적당한 크기의 제품을 구매하면 되고, 그렇지 않다면 일반 청소용 마른 부직포를 후드 크기에 맞게 잘라 마스킹 테이프로 고정하여 사용하세요. (이때 부직포가 분리되어 후드 안쪽으로 빨려 들어가지 않도록 단단히 고정시켜야 합니다.)

해피 키토 한식, 이렇게 차려요!

키토제닉 식단을 처음 시작하면 뭘 어떻게 먹어야 할지 고민이 될 거예요. 고기와 채소를 많이 먹으라고 하지만 어느 정도 먹어야 될지도 막막하고…. 밥, 국, 찌개, 반찬 등 한 상 차려놓고 먹어왔던 지금까지의 식생활을 버리고 매일매일 일품요리 식으로 먹는 것도 적응하기 쉬운 일이 아니지요. 《해피 키토 한식》은 이런 고민에서 출발했어요. 우리의 기존 식생활과 비슷하게 키토제닉 식단을 할 수 없을까, 미리 만들어두고 시간이 없을 때 꺼내 먹을 수 있는 밑반찬이 있으면 편하겠다, 익숙한 요리들로 식단을 구성하면 오래 지속하기에도 어려움이 덜할 텐데… 등의 바람을 담아내고 싶었거든요.

《해피 키토 한식》의 식단 예를 몇 가지 제시해 드려요. 식단을 하는 목적과 자신의 몸 상태에 따라 정한 탄수화물량에 맞춰 식단을 짜면 됩니다. 영양가 많고 포만감 있는 주 메뉴를 먼저 선정하고 탄수화물량을 계산하여 반찬처럼 서브 메뉴를 더해 주면 되는 거지요. 혹은 기존의 한식 밥상 구성에서처럼 밥을 대신할 메뉴 한 가지에 반찬 역할을 하는 메뉴들을 더해도 좋고요.

하루 세 끼 식사를 하는 습관을 가진 경우를 기준으로 식단의 예를 구성했어요. 기존에 먹던 대로 하루 세 끼면 세 끼, 두 끼면 두 끼의 식사로 키토식을 시작하고 시간이 지남에 따라 기존의 식사 횟수를 다 챙겨 먹기 부대낄 정도로 포만감이 지속된다면 자연스럽게 끼니 수를 줄여보거나 한 끼는 버터 커피로 대체해 볼 수 있습니다. 끼니 수를 줄이는 경우 하루에 섭취하는 칼로리 양이 줄어서 저칼로리 식단이 되지는 않도록 늘 주의해야 합니다.

※ 상추 15장, 달걀프라이 2개처럼 수량이 따로 적힌 것을 제외하고는 모두 《해피 키토 한식》에 들어 있는 메뉴 1인분 기준입니다.
※ 순탄수화물 = 탄수화물 - 식이섬유

밥만 대체하면 한식은 훌륭한 저탄고지식!

하루 순탄수화물 50g 미만 식단 1

하루 총 칼로리 **1,933kcal**, 지방 **160.5g**, 탄수화물 **35.9g**, 식이섬유 **16.9g**, 단백질 **109.6g**

아침

간단한 단백질 요리로 든든하게 시작하는 아침

소고기를 듬뿍 넣고 미역국을 넉넉히 끓여두면 한동안 식사를 준비하기가 편해요. 고기를 넣어 끓인 한식 국물 요리는 참 좋은 키토식인 데다 바쁜 아침에 빠르게 준비해 먹을 수 있으니 이만한 게 없지요. 미역국을 소분해 냉동해두었다면 전날 밤 냄비에 담아 냉장실로 옮겨놓으세요. 아침에 불에 올려 국을 데우는 동안 달걀프라이를 만들어 곁들이면 충분한 단백질 섭취로 에너지 넘치는 하루를 시작할 수 있을 거예요.

양지미역국
레시피 232쪽 참고

간장들기름달걀프라이 2개
레시피 144쪽 참고

절임 배추로 만드는 백김치
레시피 282쪽 참고

점심

미리 준비해 둔 고추장볶음으로 도시락도 뚝딱!

직장을 다니는 사람이라면 키토제닉 식단을 시작하고 제일 난감한 것이 점심이지요. 고민하지 말고 한식 키토 도시락을 직접 준비해보세요. 주말 등 시간이 있을 때 소고기고추장볶음을 만들어두면 맛있는 아보카도 비빔볼 도시락을 뚝딱 만들 수 있어요. 아보카도는 깍둑썰기 해 다른 재료와 함께 용기에 담아도 되고 아보카도의 색이 변하는 게 싫다면 통째로 가져가서 먹기 직전에 잘라 넣어도 좋아요.

소고기고추장볶음 아보카도 비빔볼 레시피 155쪽 참고

저녁

뜨끈한 고기국밥으로 하루를 마무리하면 기분 좋은 포만감에 숙면은 덤

직접 만든 것이든 성분 좋은 제품이든 사골 육수를 구비해 놓으면 키토제닉 식단에 큰 도움이 됩니다. 보글보글 끓는 사골 국물에 얇은 대패삼겹살을 넣어 익히고 부추무침을 잔뜩 넣은 간단 돼지국밥으로 포만감 있게 하루를 마무리해 볼까요. 잘 익은 배추김치와 만능 장아찌를 곁들이면 훌륭한 저녁 밥상이 돼요.

간단 돼지국밥
레시피 228쪽 참고

절임 배추로 만드는 김장 김치
레시피 284쪽 참고

만능 장아찌
레시피 114쪽 참고

하루 순탄수화물 100g 미만 식단 1

하루 총 칼로리 **2,064kcal**, 지방 **149.1g**, 탄수화물 **92.3g**, 식이섬유 **26.3g**, 단백질 **96.9g**

아침

빠르고 간단하게 준비하는 에너지 뿜뿜 아침

간단하게 준비해 먹을 수 있으면서 단백질과 지방에 복합 탄수화물까지 더한 아침이에요. 익힌 단호박은 속도 편하고 적정량의 탄수화물을 더해 주는 메뉴예요. 간장(리퀴드 아미노스) 약간과 생들기름을 뿌린 달걀프라이는 어릴 때 먹던 간장달걀비빔밥이 떠오르는 맛이랍니다. 만들어둔 국물 요리가 없다면 따뜻한 녹차나 좋아하는 차로 속을 따뜻하게 데우며 아침을 시작해 보세요.

전자레인지에서 금세 익으니 바로 조리해 먹으면 좋지만 시간이 없다면 전날 익혀서 냉장고에 두었다가 먹어도 좋아요.

단호박과 가염버터
레시피 146쪽 참고

간장들기름달걀프라이 2개
레시피 144쪽 참고

+ 따뜻한 녹차 한 잔

점심

다양한 재료를 먹을 수 있는 손말이 불고기김밥, 있는 재료는 무엇이든 OK

불고기와 달걀만 익혀 집에 있는 나물류나 채소류 어떤 것이든 곁들이면 손말이 불고기김밥을 만들 수 있어요. 나물이나 채소가 없다면 불고기에 아보카도와 달걀, 씻은 김치만 준비해도 좋아요. 도시락을 싸기에도 좋은 메뉴라 직장인에게도 추천하는 점심 메뉴예요.

모든 재료는 밀폐 용기에 담고 적당한 크기로 자른 김만 지퍼백에 따로 담아 가세요. 손말이 김밥만으로 부족한 듯 싶거나 날씨가 쌀쌀할 때엔 따끈한 사골국을 곁들이면 좋아요. 국을 데워 먹기 어려운 상황이라면 보온병에 팔팔 끓인 물을 잠시 부어두었다가 따라낸 다음 뜨겁게 끓인 사골국을 담아 가면 점심 즈음까지 따뜻해서 맛있게 먹을 수 있어요.

사골국
`레시피` 226쪽 참고

손말이 불고기김밥
`레시피` 172쪽 참고

저녁

일반식을 하는 친구와 함께 먹어도 좋을 풍성한 상차림, 고기가 아니어도 좋아요

뭔가 맛있는 게 먹고 싶은 저녁, 피조개를 넣은 비빔밥에 버섯전을 곁들였어요. 고기가 없어도 풍성하고 맛있는 한식 메뉴 구성이랍니다. 버섯전은 간단한 술안주로도 좋고 초고추장을 곁들이면 더 맛있어요. 일반식을 하는 친구와 함께라면 단맛이 없는 화이트 와인을 한잔 곁들여도 좋겠네요.

피조개비빔밥
`레시피` 162쪽 참고

모둠 버섯전
`레시피` 54쪽 참고

초고추장
`레시피` 268쪽 참고

하루 순탄수화물 50g 미만 식단 2

하루 총 칼로리 **1,956kcal**, 지방 **156.3g**, 탄수화물 **55.7g**, 식이섬유 **17.9g**, 단백질 **83.7g**

아침

사골국
`레시피` 226쪽 참고

통김치전
`레시피` 72쪽 참고

점심

돼지고기김치두루치기
`레시피` 190쪽 참고

+ 상추 15장, 깻잎 15장, 집된장 1/2큰술

저녁

안동국시
`레시피` 177쪽 참고

가지나물
`레시피` 78쪽 참고

절임 배추로 만드는 김장 김치
`레시피` 284쪽 참고

하루 순탄수화물 50g 미만 식단 3

하루 총 칼로리 **1,902kcal**, 지방 **139.9g**, 탄수화물 **36.4g**, 식이섬유 **13.3g**, 단백질 **126.9g**

아침

코다리달걀탕
`레시피` 244쪽 참고

만능 장아찌
`레시피` 114쪽 참고

점심

육쌈쫄면
`레시피` 178쪽 참고

저녁

사골국
`레시피` 226쪽 참고

양배추볶음
`레시피` 145쪽 참고

고기볶음달걀말이
`레시피` 130쪽 참고

소고기고추장볶음(1큰술)
`레시피` 122쪽 참고

하루 순탄수화물 100g 미만 식단 2

하루 총 칼로리 **1,995kcal**, 지방 **126.9g**, 탄수화물 **89.5g**, 식이섬유 **25.4g**, 단백질 **106.2g**

아침

3분 곤약쌀밥
`레시피` 142쪽 참고

사골콩나물김칫국
`레시피` 238쪽 참고

간장들기름달걀프라이 2개 `레시피` 144쪽 참고
들깨열무나물 `레시피` 87쪽 참고

점심

대패삼겹살쌈장볶음밥
`레시피` 150쪽 참고

저녁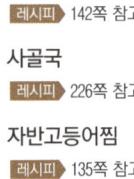

3분 곤약쌀밥
`레시피` 142쪽 참고

사골국
`레시피` 226쪽 참고

자반고등어찜
`레시피` 135쪽 참고

가지양파볶음
`레시피` 132쪽 참고

오이부추김치
`레시피` 280쪽 참고

하루 순탄수화물 100g 미만 식단 3

하루 총 칼로리 **2,070kcal**, 지방 **160.5g**, 탄수화물 **72.9g**, 식이섬유 **21.2g**, 단백질 **91g**

아침

사골갈비탕
`레시피` 226쪽 참고

생참나물무침
`레시피` 80쪽 참고

점심

3분 곤약쌀밥
`레시피` 142쪽 참고

고추장불고기와 양배추쌈
`레시피` 194쪽 참고

저녁

잣국수
`레시피` 176쪽 참고

오이들기름깨무침
`레시피` 81쪽 참고

CHAPTER 1

한 끼 식사로 충분한 전

단단일 부추전

1인분 : 칼로리 **352kcal** | 지방 **26.2g** | 탄수화물 **28.1g** | 식이섬유 **2.2g** | 단백질 **2.6g**

> 단단일(단백질 단식일)을 위한 바삭하고 쫀득한 부추전을 만들었어요. 단백질을 줄인 대신 탄수화물을 어느 정도 섭취할 수 있는 날이라 이날만큼은 특별히 바삭한 전을 즐길 수 있지요. 밀가루 대신 고구마 전분을 이용해 만들었어요.

 재료 (2인분)

- 부추 100g
- 애호박 50g
- 양파 60g
- 청양고추 1~2개
- 홍고추 1개
- 고구마 전분 50g
- 라드 3~4큰술
- 소금 약간

'단단일'이란

단백질 단식일을 뜻하는데 하루 동안 단백질은 거의 먹지 않고 대신 평소 많이 제한했던 탄수화물을 좀 먹어주는 날을 말해요. 이렇게 함으로써 여러 이점을 얻을 수 있는데 단단일은 지속적으로 하는 게 아니라 평소 저탄고지 식단을 잘 유지하다가 한 번씩만 해주어야 효과가 있고 키토시스 상태도 계속 유지할 수가 있어요. 탄수화물을 섭취한다고 해서 설탕 등의 당류를 먹는 건 아니고 뿌리채소나 쌀 등 복합 전분을 이용합니다. 단단일에 섭취하는 단백질의 양은 되도록 최소한으로, 탄수화물의 양은 총 100g을 넘지 않도록 하고, 지방의 양은 평소 섭취하는 양 정도면 적당해요.

 만들기 (준비와 조리 20~30분)

1. 부추는 씻어서 5cm 길이로 자른 후 샐러드 스피너에 돌려 물기를 빼놓는다.
2. 양파와 애호박은 채 썰고 청양고추와 홍고추는 잘게 썰어놓는다.
3. 부추, 양파, 청양고추, 홍고추를 볼에 담고 고구마 전분과 소금을 넣어 살살 섞은 후 물 2큰술을 넣어 고루 섞는다.
4. 달군 팬에 라드를 일부 녹이고 3의 반죽을 반 덜어 지름 15~16cm가 되게 올려놓는다. 이때 반죽 사이로 팬 바닥이 보이지 않게 빼곡히 놓는다.
5. 중간 불에 충분히 굽다가 뒤집을 수 있을 정도로 익으면 뒤집어 뒤집개로 눌러주며 부추전이 바삭 노릇해질 때까지 굽는다.
6. 4~5번 과정을 반복해 남아 있는 반죽을 마저 굽는다.

 분량대로 반죽을 만들면 채소에 전분물이 살짝 묻어 있는 정도예요. 4번 과정에서 반죽을 너무 넓고 얇게 올리면 재료들이 서로 붙지 않아 뒤집기가 어려우니 바닥이 보이지 않도록 도톰하게 얹으세요. 뒤집어서 반대 면을 구울 때 눌러주면서 두께를 약간 조정하면 됩니다.

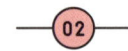

봄동전

1인분 : 칼로리 **389kcal** | 지방 **35.6g** | 탄수화물 **3.1g** | 식이섬유 **1.2g** | 단백질 **13.3g**

> 봄동이 나오는 철이면 매일 봄동전을 만들어 먹어요. 밀가루 반죽 옷 대신 달걀물만 입혀 좀 더 기름을 넉넉하게 둘러 부쳐내면 훌륭한 키토식이 된답니다. 봄동 잎은 크기가 작고 납작해서 한 장씩 전을 부치기에도 편하고 먹기에도 좋아요. 초간장을 곁들이거나 만능 장아찌(114쪽 참조)와 함께 먹어도 맛있고, 초고추장(268쪽 참조)에 찍어 먹어도 맛있어요.

 **재료** (2인분)

- 봄동 잎 20장
- 달걀 4개
- 라드 4큰술
- 소금 약간

 만들기 (준비와 조리 15분)

1. 봄동 잎은 줄기에 흙이 남아 있지 않도록 깨끗이 씻은 후 물기를 최대한 털어낸다.
2. 달걀은 소금을 넣어 잘 풀어둔다.
3. 넓은 팬에 라드를 1큰술 두르고 녹인다.
4. 달걀물에 봄동 잎을 한 장씩 담갔다가 팬에 올려 앞뒤로 노릇하게 굽는다. 중간 불 이상을 유지하고 중간에 라드를 추가하며 굽는다.

 오래 익혀야 하는 재료가 아니니 중간 불 이상의 불에서 달걀만 노릇하게 굽는다는 느낌으로 빠르게 구워내세요.

가지전

1인분 : 칼로리 **339kcal** | 지방 **30.8g** | 탄수화물 **8.4g** | 식이섬유 **4.8g** | 단백질 **7.7g**

> 만들기는 초간단이면서 맛있는 전 하나를 꼽으라면 가지전을 떠올릴 것 같아요. 가지의 스펀지 같은 조직 덕분에 밀가루가 없어도 달걀이 잘 입혀져서 키토식에도 안성맞춤이에요. 가지에는 간을 하지 않고 달걀에만 밑간을 해 중간 불에서 빠르게 구워야 질척해지지 않아요. 심심한 듯 고소한 가지전은 만능 장아찌(114쪽 참조)와 함께 먹으면 더 맛있어요.

 **재료** (1인분)

- 가지 1개
- 달걀 1개
- 라드 2큰술
- 소금 약간

 만들기 (준비와 조리 10분)

1. 가지는 0.5cm 두께로 잘라놓는다.
2. 달걀은 소금을 약간 넣어 잘 풀어놓는다.
3. 달군 팬에 라드를 녹이고 1의 가지를 2의 달걀물에 담갔다가 올린다.
4. 중간 불에서 앞뒤로 노릇해지도록 굽는다.

 채소류를 구울 땐 중간 불 이상의 센 듯한 불에서 구워야 흐물해지거나 질척해지지 않게 구울 수 있어요.

김치참치전

1인분 : 칼로리 **294kcal** | 지방 **21.1g** | 탄수화물 **1.9g** | 식이섬유 **0.5g** | 단백질 **23.3g**

" 김치와 참치를 섞어 한입 크기로 만든 전은 엄마가 도시락 반찬으로 싸 주시던 건데 친구들에게 늘 인기가 좋은 반찬이었어요. 지금 만드는 김치 참치전에는 밀가루나 부침가루가 들어가지 않지만 모차렐라 치즈를 반죽에 넣어 중간 불에서 치즈크러스트가 생길 정도로 충분히 구워내 겉면이 바삭바삭 맛있답니다. 따로 간을 하지 않아도 김치와 참치 때문에 꽤 짭짤해서 미역국이나 사골국 같은 국을 곁들이면 식사로 먹기에도 좋아요. "

재료 (2인분)

- 참치캔 100g(국물을 짜내면 약 70g)
- 달걀 1개
- 국물을 꽉 짜낸 잘 익은 김치 70g
- 슈레드 모차렐라 치즈 50g
- 라드 2큰술

만들기 (준비와 조리 30분)

1. 참치캔은 참치 살만 빼내 비닐장갑을 끼고 꽉 짜서 수분을 제거한다. 김치는 잘게 다져놓는다.
2. 1의 참치와 김치에 달걀과 모차렐라 치즈를 넣고 고루 섞는다.
3. 팬에 라드를 두르고 2의 반죽을 지름 7cm 정도가 되도록 숟가락으로 떠 올린 후 중간 불에서 천천히 부친다.
4. 노릇하게 치즈크러스트가 생기게 구워지면 뒤집어 반대 면도 굽는다.

TIP 참치와 김치는 국물을 최대한 짜내야 부칠 때 수분이 나오지 않아 부서지지 않아요.

깻잎전

1인분 : 칼로리 **471kcal** | 지방 **40.2g** | 탄수화물 **1.9g** | 식이섬유 **0.1g** | 단백질 **23.9g**

> 양념한 다진 돼지고기를 깻잎으로 감싸 전을 부쳐보세요. 키토식에서는 밀가루로 만든 만두 피를 먹지 않는데 깻잎전은 깻잎으로 피를 대신한 만두를 먹는 것 같기도 해요. 표고의 향이 돼지고기와 잘 어울리니 표고는 빠뜨리지 말고 넣으세요. 채소가 많이 들어가면 부칠 때 소에서 물이 나오기 때문에 고기 소 만들 때 다른 채소 재료는 넣지 않는 게 좋아요.

 재료 (2인분)

- 깻잎 15장
- 달걀 2개
- 라드 2큰술
- 소금 약간

| 고기 소 |

- 다진 돼지고기 200g
- 생표고 1개(큰 것, 밑동 제거하고 20g)
- 다진 대파 2큰술
- 참기름 1/2작은술
- 소금 1/4작은술
- 후추 약간

 만들기 (준비와 조리 30분)

1. 생표고는 포를 뜨듯이 3~4장으로 얇게 저민 후 잘게 다진다.
2. 다진 돼지고기에 1의 표고와 다진 대파, 참기름, 소금, 후추를 넣고 잘 치댄다.
3. 깻잎에 2의 고기 소를 한 스푼씩(약 16g) 얹어 납작하게 펴준 후 깻잎을 반으로 접는다.
4. 달걀에 소금을 약간 넣고 잘 풀어놓는다.
5. 4의 달걀물에 3을 담갔다가 라드를 두른 팬에 올려 중간 불에서 노릇하게 굽는다.

 구울 때 고기의 육즙이 흘러나와 팬이 지저분해지면 중간중간에 키친타월로 닦아내고 라드를 추가한 후 구워주세요.

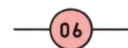

모둠 버섯전

1인분 : 칼로리 **482kcal** | 지방 **36.7g** | 탄수화물 **18.8g** | 식이섬유 **6.6g** | 단백질 **20.6g**

> 생표고로 만든 표고전은 《진주의 해피 키토 키친》에서도 소개했는데요. 표고뿐만 아니라 다양한 버섯으로도 전을 부칠 수 있으니 요리에 사용하고 남은 버섯이 있다면 활용해 보세요. 버섯전은 만능 장아찌(114쪽 참조)를 곁들여 먹거나 초고추장(268쪽 참조)에 찍어 먹으면 맛있어요.

 **재료** (1인분)

- 생표고 5개(작은 것)
- 새송이버섯 1개
- 팽이버섯 1봉
- 달걀 2개
- 라드 2큰술
- 소금 약간

 만들기 (준비와 조리 15분)

1. 생표고는 밑동을 떼어내고, 새송이버섯은 0.5cm 두께로 자르고, 팽이버섯은 뿌리 부분을 제거한다.
2. 달걀은 소금을 약간 넣고 잘 풀어놓는다.
3. 팬에 라드를 한 큰술 녹이고 각각의 버섯을 2의 달걀물에 담갔다가 올려 중간 불에서 앞뒤로 노릇하게 부친다. 중간에 라드를 추가하며 굽는다.

  ※ 표고: 달걀물에 담갔다가 갓의 안쪽에 달걀물을 약간 떠내듯 담아 갓 겉면(검은 면)부터 굽는다.
  ※ 새송이버섯: 달걀물에 담갔다가 굽는다.
  ※ 팽이버섯: 달걀물에 담갔다가 젓가락으로 적당량 건져내 굽는다.

 불이 약하면 버섯에서 물이 나와 질척해지니 중간 불에서 겉면만 노릇하게 굽는다는 느낌으로 구우세요.

새우미나리전

1인분 : 칼로리 **252kcal** | 지방 **18.7g** | 탄수화물 **2.7g** | 식이섬유 **0.8g** | 단백질 **17.2g**

> 고소하고 향긋한 새우미나리전은 봄에 어울리는 전이지만 요즘엔 사계절 내내 미나리가 나오니 언제든 먹을 수 있어요. 미나리 달걀 반죽에 간을 충분히 하면 미나리에서 수분이 나오기 때문에 싱겁게 만든 후 초간장에 찍어 먹는 게 좋아요. 새우미나리전과 초간장은 맛 궁합도 좋으니 초간장을 꼭 곁들여보세요.

 재료 (2인분)

- 미나리 100g
- 새우살 100g
- 홍고추 1개
- 달걀 2개
- 라드 2큰술
- 소금 약간

| 초간장 |

- 리퀴드 아미노스 2작은술
- 생수 1작은술
- 식초 1작은술

 만들기 (준비와 조리 30분)

1. 미나리는 씻은 후 3cm 길이로 잘라 샐러드 스피너에 돌려 물기를 제거한다.

2. 홍고추는 반 갈라 씨를 제거하고 잘게 썬다.

3. 볼에 미나리, 홍고추, 달걀을 모두 담은 후 소금으로 밑간하고 젓가락으로 고루 섞는다.

4. 팬에 라드를 1큰술 넣어 녹인 뒤 새우살을 군데군데 간격을 두고 올린다.

5. 4의 간격을 둔 각각의 새우 위에 3의 미나리 반죽을 적당량씩 스푼으로 떠서 얹는다.

6. 중간 불을 유지하며 새우미나리전을 굽다가 밑면이 익으면 뒤집어 반대쪽도 익힌다.

7. 라드를 추가하며 4~6번 과정을 반복한 뒤 초간장을 곁들인다.

 4번 과정에서 새우가 중하 정도 크기면 한 마리씩, 작은 크기면 여러 마리를 올리면 됩니다.

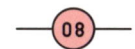

오징어부추전

1인분 : 칼로리 **416kcal** | 지방 **29.2g** | 탄수화물 **8.2g** | 식이섬유 **2.7g** | 단백질 **30.2g**

❝ 달걀을 이용해 키토전을 만들면 바삭한 식감은 아쉽지만 재료의 맛은 충분히 즐길 수 있어요. 달걀에 재료를 섞어 반죽을 만들면 재료에서 수분이 나와 반죽이 묽어질 수 있으니 재료를 먼저 팬에 얹고 그 위에 달걀물을 부어 굽는 방식으로 부쳐보세요. ❞

 재료 (1장, 1인분)

- 부추 100g
- 오징어 50g
- 청양고추 1개
- 홍고추 약간
- 달걀 3개
- 라드 1큰술
- 소금 약간

 만들기 (준비와 조리 20분 미만)

1. 부추는 씻어서 5cm 길이로 자른 후 샐러드 스피너에 돌려 물기를 빼놓는다.
2. 오징어는 5cm 길이로 잘라 채 썰고, 청양고추와 홍고추는 잘게 썬다.
3. 달걀은 잘 풀어 소금으로 간한다.
4. 중간 크기의 프라이팬을 달구어 라드를 두르고 2의 오징어와 고추를 군데군데 얹는다.
5. 오징어와 고추 위에 1의 부추를 평평하게 얹고 3의 달걀물을 조금씩 고르게 끼얹는다. 중간 불을 유지하며 익힌다.
6. 뒤집을 수 있을 정도로 달걀이 익으면 뒤집어 반대쪽도 익힌다.

 프라이팬의 지름과 같은 크기의 부추전이 만들어진다고 생각하고 팬을 선택하세요. 지름이 큰 팬을 사용할 경우 달걀물이 얇게 퍼져서 재료들이 잘 엉겨붙지 않아 뒤집기가 힘들어요.

매생이해물전

1인분 : 칼로리 **338kcal** | 지방 **26.2g** | 탄수화물 **6.4g** | 식이섬유 **0.4g** | 단백질 **18.2g**

> 매생이는 겨울 식재료이지만 건조 매생이와 함께 홍합살 같은 해물을 사용하면 계절에 상관없이 매생이해물전을 먹을 수 있어요. 밀가루나 전분이 들어가지 않아 바삭한 식감은 없지만 부드럽게 익은 향긋한 매생이 굴 반죽과 함께 오징어가 씹혀 오징어가 들어 있는 어묵을 먹는 것 같아요.

 재료 (2인분)

- 건조 매생이 4g
- 달걀 2개
- 굴(또는 홍합살) 100g
- 생오징어 100g
- 홍고추 1개
- 어간장 1/4작은술
- 라드 3큰술

 만들기 (매생이 불리기 및 준비 30분, 조리 10분)

1. 건조 매생이는 가위로 가루를 내듯 잘게 잘라 그릇에 담는다.
2. 1에 달걀과 어간장을 넣고 잘 섞어 30분간(또는 매생이가 충분히 불어날 때까지) 둔다.
3. 굴과 생오징어는 잘게 썬다. 홍고추는 반 갈라 씨를 제거한 후 잘게 썰어 둔다.
4. 2에 굴, 오징어, 홍고추를 넣어 고루 섞는다.
5. 팬에 라드를 녹이고 반죽을 50g 정도씩 얹어 동그랗게 모양을 잡으며 익힌다.

1. 매생이는 고운 실타래처럼 얼기설기 얽혀서 밀가루 대신 전의 형태를 유지시키는 역할을 해요.
2. 생매생이를 이용할 땐 생 매생이 100g 정도를 씻은 후 면포에 싸서 최대한 물기를 짜낸 후 사용하세요. 매생이에 물기가 있는 상태에서는 전의 형태가 유지되지 않아요.

돼지고기 육전

1인분 : 칼로리 **632kcal** | 지방 **48.3g** | 탄수화물 **1.2g** | 식이섬유 **0g** | 단백질 **45.2g**

> 오랫동안 제 일을 도와주고 있는 분께 배운 전이에요. 그 댁에선 명절 때마다 돼지고기 육전을 만드는데 식구들에게 늘 인기가 좋대요. 고기에 달걀물을 입혀 구웠을 뿐인데 그냥 고기만 구울 때와는 확연히 다른 풍성함이 있어요. 고소한 육전에 부추무침(104쪽 참조)이나 생참나물무침(80쪽 참조)을 곁들이면 맛있고 든든한 한 끼 식사가 됩니다.

 재료 (2인분)

- 돼지 앞다리살(3~4mm 두께의 불고기용) 400g
- 달걀 4개
- 아보카도 오일(또는 라드) 3큰술
- 소금 약간
- 후추 약간

 만들기 (준비와 조리 30분)

1. 돼지고기는 키친타월로 눌러 수분을 제거한 후 굽기 직전에 소금, 후추를 뿌려 밑간한다.
2. 달걀은 풀어 소금으로 간한다.
3. 달군 팬에 아보카도 오일을 적당량 두르고 1의 돼지고기를 달걀물에 담갔다가 올려 굽는다. (중간 불을 유지하며 굽는다.)
4. 고기가 익으면 꺼내어 식힌다.
5. 팬에 오일을 더하고 4의 고기를 달걀물에 한 번 더 담갔다가 굽는다.

1. 고기에 밀가루를 묻히지 않고 달걀물만 입혀 굽는 데다 고기에서 육즙도 배어나오기 때문에 달걀물이 잘 입혀지지 않아요. 식힌 후 한 번 더 달걀물을 입혀 구우면 되니 크게 신경 쓰지 않아도 됩니다.
2. 고기가 너무 얇으면 부치기도 힘들고 육전의 맛도 덜하니 로스구이 정도의 두께가 좋아요.

고기 빈대떡

1인분 : 칼로리 **455kcal** | 지방 **37.2g** | 탄수화물 **6g** | 식이섬유 **2.5g** | 단백질 **23.3g**

> 서울 광장시장에 갔다가 친구가 산 빈대떡집의 고기전이 맛있어 보여서 비슷하게 만들어봤어요. 그날 사 갔던 고기전 맛이 어땠는지 궁금해서 물어보았는데 친구가 기억하지 못하는 걸 보면 별 감흥이 없는 맛이었나 봐요. 광장시장의 고기전을 먹어보진 않았지만 키토식으로 만든 고기전이 더 맛있을 지도 모르겠네요.

 재료 (2인분)

- 다진 **돼지고기** 200g
- 숙주 100g
- 콜리플라워 100g
- 국물을 꼭 짠 익은 **배추김치** 70g
- 대파 파란 부분 20g
- 달걀 1개
- 소금 1/4작은술
- 참기름 1/4작은술
- 후추 약간
- 어슷하게 썬 홍고추 약간(선택)
- 라드 2큰술

 만들기 (준비 20분, 조리 15분)

1. 콜리플라워는 쌀알 크기로 자르고 배추김치는 잘게 다진다. 대파도 잘게 자른다.
2. 내열 용기에 콜리플라워와 씻은 숙주를 담고 랩을 씌우지 않은 채 전자레인지에 3분간 돌린다.
3. 2에서 숙주만 건져 한김 식혀 잘게 자른 후 꼭 짜서 물기를 제거한다.
4. 볼에 홍고추와 라드를 제외한 모든 재료를 담아 고루 섞어 빈대떡 반죽을 만든다.
5. 팬에 라드를 녹이고 반죽을 10cm 정도 크기로 도톰하게 얹은 후 홍고추(선택)를 한 조각씩 올려 굽는다.
6. 뒤집을 수 있을 정도로 익으면 뒤집어 반대쪽도 굽는다.

 TIP
1. 차퍼를 이용하거나 치즈 그레이터의 큰 구멍을 이용하면 콜리플라워를 쌀알 크기로 쉽게 자를 수 있어요.
2. 고사리나물이나 취나물 등의 말린 나물 반찬이 있다면 잘게 잘라 반죽에 조금 넣어 부쳐도 어울려요.

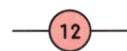

우삼겹살팽이전

1장 : 칼로리 **734kcal** | 지방 **58.1g** | 탄수화물 **8g** | 식이섬유 **2.5g** | 단백질 **40.8g**

> 우삼겹살이 볶아지면서 녹아나오는 기름을 이용해 달걀과 팽이버섯을 부쳐 만든 전이에요.
> 기름기가 많아 익을수록 바삭해지는 우삼겹살 덕분에 바삭한 식감이 더해집니다.

 재료 (1장)

- **우삼겹살** 150g
- **달걀** 3개
- **팽이버섯** 1봉(손질 후 100g)
- **소금** 약간
- **후추** 약간

 만들기 (준비와 조리 20분)

1. 우삼겹살은 1cm 너비로 잘라두고 팽이버섯은 4~5cm 길이로 잘라둔다.
2. 달걀은 소금으로 간을 해 잘 풀어둔다.
3. 중간 사이즈의 프라이팬에 1의 우삼겹살을 넣고 소금 3꼬집과 후추를 넣어 볶는다.
4. 우삼겹살의 핏기가 거의 안 보일 정도로 볶아지면 우삼겹살을 고르게 펴고 그 위에 팽이버섯을 평평하게 올린 후 달걀물을 팽이버섯 위로 고루 부어 익힌다. (불은 중간 세기 이상을 유지한다.)
5. 뒤집을 수 있을 정도로 달걀이 익으면 뒤집어서 반대쪽도 익힌다.

 지름이 넓은 프라이팬을 이용할 경우 달걀물이 얇게 퍼져서 뒤집기 어려우니 바닥 지름이 20~24cm 정도 되는 중간 크기의 팬을 이용하는 게 좋아요.

13
대패삼겹살파전

1인분 : 칼로리 **523kcal** | 지방 **38.8g** | 탄수화물 **10.8g** | 식이섬유 **3g** | 단백질 **32.3g**

> 《진주의 해피 키토 키친》에선 다진 돼지고기를 양념한 후 대파와 함께 부친 파전을 소개했는데요. 빠르게 익는 대패삼겹살을 이용해 어슷하게 썬 대파를 듬뿍 넣고 파전을 만들어도 손쉽고 맛있답니다. 푸짐한 대파에 고기와 달걀이 들어간 조합이라 한 장만 먹어도 한 끼 식사로 든든해요. 매콤한 고추의 맛이 잘 어울리니 고추를 꼭 넣어 만들어보세요.

재료 (1인분)

- 대패삼겹살 100g
- 대파 100g
- 청양고추 2개
- 홍고추 1/2개
- 달걀 2개
- 소금 약간
- 후추 약간

만들기 (준비와 조리 20분)

1. 대파는 어슷하게 썰고 청양고추와 홍고추는 잘게 썰어둔다.
2. 달걀은 소금을 넣어 잘 풀어둔다.
3. 팬에 대패삼겹살을 겹치지 않게 올려 중간 불에 굽는다. 소금과 후추로 간한다.
4. 삼겹살이 붉은색이 보이지 않게 익으면 불을 세게 올리고 대파를 넣어 삼겹살과 함께 섞으며 볶는다.
5. 대파가 골고루 익으며 숨이 살짝 죽으면 소금과 후추로 간하고 평평하고 고르게 편다.
6. 불을 중간 세기로 줄이고 5의 대파삼겹살볶음 위로 2의 달걀물을 골고루 부어준 후 잘게 썰어둔 청양고추와 홍고추를 고루 뿌린다.
7. 뒤집을 수 있을 정도로 밑면이 충분히 익으면 뒤집어 반대쪽도 노릇하게 굽는다.

불고기참나물전

1인분 : 칼로리 **372kcal** | 지방 **26.1g** | 탄수화물 **2.3g** | 식이섬유 **0.5g** | 단백질 **30.2g**

> 향긋한 참나물이 있다면 양념한 소고기와 함께 전을 부쳐보세요. 이때 소고기는 간장으로 양념하면 부칠 때 쉽게 타서 지저분해지기 때문에 소금으로 간을 하는 게 좋아요. 참나물 대신 미나리가 있다면 불고기미나리전을 만들어도 맛있고, 대파를 어슷하게 썰거나 채 썰어 불고기대파전을 만들어도 좋아요.

 재료 (2인분)

- 소고기 (불고기용) 200g
- 참나물 50g
- 달걀 3개
- 라드 1/2큰술
- 소금 약간

| 소고기용 양념 |

- 참기름 1/2작은술
- 에리스리톨 1/2작은술
- 다진 마늘 1/2작은술
- 소금 1/5작은술
- 후추 약간

 만들기 (준비와 조리 15분)

1. 소고기는 소고기용 양념을 넣어 조물조물 고루 버무려둔다.
2. 참나물은 5cm 길이로 잘라놓는다.
3. 달걀은 소금을 약간 넣어 잘 풀어둔다.
4. 프라이팬에 라드를 녹이고 1의 소고기를 넣어 센 불에 물기 없이 볶는다.
5. 중간 불로 줄이고 볶은 소고기를 고르게 펼친 후 그 위에 2의 참나물을 고루 얹는다.
6. 풀어둔 달걀물을 참나물 위로 골고루 부어 약중간 불에서 뒤집을 수 있을 때까지 달걀을 익힌다.
7. 뒤집은 후에는 중센 불에서 살짝만 익혀낸다.

 전을 뒤집어 참나물 얹은 면을 익힐 땐 약한 불에 오래 두면 참나물에서 물이 나와 질척해질 수 있으니 중센 불에서 빠르게 구워내세요.

통김치전

1인분 : 칼로리 **414kcal** | 지방 **36g** | 탄수화물 **7.1g** | 식이섬유 **2.7g** | 단백질 **16.3g**

> 김치의 배춧잎을 자르지 않고 통째로 달걀물에 담가 전을 부쳐보세요. 김치전이 찢어지지 않을까, 어떻게 뒤집을까 걱정할 필요가 없답니다. 단, 줄기랑 잎 부분의 두께가 달라 익는 시간이 차이가 나니 반으로만 잘라서 부치는 게 좋아요. 고소한 기름에 지진 김치와 달걀의 조합은 별 것도 아닌데 참 맛있어요. 너무 익어서 맛이 없어진 백김치로 만들어도 좋고, 잘 익은 일반 배추김치로 만들어도 좋아요.

 **재료** (1인분)

- 푹 익힌 **백김치**(또는 일반 배추김치) 200g
- 달걀 2개
- 라드 2큰술

 만들기 (준비와 조리 10분)

1. 김치는 소를 털어내고 국물을 짠 후 줄기와 잎 부분으로 나눠 반으로 자른다.

2. 달걀은 잘 풀어놓는다.

3. 팬에 라드를 일부 녹이고 1의 김치를 2의 달걀물에 담근 뒤 팬에 올려 앞뒤로 노릇하게 부친다.

4. 3번 과정을 반복하며 부치다가 달걀물이 잘 안 입혀진 부분이 있으면 (특히 줄기 쪽) 달걀물에 한 번 더 담가 노릇하게 부쳐낸다.

굴전

1인분 : 칼로리 **315kcal** | 지방 **26.6g** | 탄수화물 **4.3g** | 식이섬유 **0g** | 단백질 **13.3g**

> 우리나라의 겨울 요리 재료 중 굴을 빼놓을 수 없지요? 굴전은 부쳐놓으면 수분이 나오기도 하고 굴 자체가 미끄러워 보통은 밀가루나 부침가루를 꼼꼼히 입혀 달걀물에 담가 만들지요. 하지만 밀가루 없이 달걀물만 입힌 키토식 굴전도 두 번 구워내면 야무지게 달걀옷을 입은 굴전을 만들 수 있답니다. 이때 굴은 큼직한 것을 사용해야 먹기도 부치기도 좋아요. 이 방법으로 생선전을 구워도 좋아요.

 재료 (2인분)

- 생굴 200g
- 달걀 2개
- 대파(파란색 부분) 약간
- 소금 약간
- 라드 3큰술

 만들기 (준비와 조리 20분)

1. 굴은 옅은 소금물에 흔들어 씻은 후 체에 밭쳐 물기를 뺀다.
2. 볼에 달걀을 깨 넣고 잘게 자른 대파, 소금 한 꼬집을 넣고 잘 섞어 달걀물을 만든다.
3. 팬에 라드를 일부 녹이고 1의 굴을 2의 달걀물에 담갔다가 팬에 올려 굽는다. (중간 불 이상을 유지한다.)
4. 앞뒤로 살짝 노릇할 정도로 굴을 구워 접시에 하나씩 펼쳐놓고 한 김 식힌다.
5. 키친타월로 팬을 닦고 라드를 일부 녹인 후 4의 굴을 달걀물에 담갔다가 팬에 올려 한 번 더 굽는다. (중간 불 이상의 불에서 굽는다.)

1. 굴전을 구울 땐 팬의 온도가 낮으면 굴에서 육즙이 질척하게 흘러나와요. 타지 않도록 주의하며 중간 불 이상의 불에서 빠르게 구워내세요. 또 너무 많은 양의 굴을 한꺼번에 팬에 올려도 팬의 온도가 떨어지니 넓은 팬을 이용해 굴 사이의 간격이 넉넉하도록 올려 구워야 해요.
2. 굴의 육즙이 흘러 팬이 지저분해지면 중간중간 키친타월로 닦아내고 라드를 더하며 구워주세요.
3. 굴에도 염분이 있어서 달걀물에는 소금을 조금만 넣어야 부쳐냈을 때 간이 맞아요.

CHAPTER 2

날마다 새로운
나물 반찬과 무침

가지나물

1인분 : 칼로리 **117kcal** | 지방 **8.8g** | 탄수화물 **9.6g** | 식이섬유 **5.5g** | 단백질 **1.7g**

> 가지를 좋아하게 되면 왠지 어른 입맛이 된 것 같기도 해요. 가지나물은 참 좋아하던 밥반찬인데, 그래서인지 지금도 가지를 보면 지나치지 않고 사게 되더라고요. 지금은 밥반찬이 아닌 고깃국이나 구운 고기에 곁들어 먹어요. 가지나물은 들큰한 진간장(리퀴드 아미노스)보다 콤콤하면서도 뒷맛이 깔끔한 어간장이나 조선간장에 들기름을 듬뿍 넣고 무쳐야 맛있어요.

 재료 (3인분)

- 가지 3개(중간 크기)
- 잘게 썬 대파 2큰술
- 다진 마늘 1작은술
- 어간장 1큰술
- 생들기름 2큰술
- 고춧가루 1작은술
- 통깨 약간
- 소금 약간

 만들기 (준비와 조리 10분)

1. 가지는 5cm 길이로 자른 후 두께에 따라 세로로 6~8등분한다.
2. 1의 가지를 내열 용기에 담고 손에 물을 묻혀 가지 위로 3~4번 물을 뿌려 준 후 랩을 씌워 6~7분간 전자레인지에서 최고 출력으로 익힌다. (5분을 먼저 돌린 후 상태를 보고 1분씩 추가하며 익힌다.)
3. 랩을 벗겨내고 바닥에 흥건하게 고인 수분이 있으면 따라 버린다.
4. 가지가 뜨거울 때 대파, 다진 마늘, 어간장, 고춧가루, 생들기름, 통깨를 넣고 젓가락으로 살살 버무린다. 모자라는 간은 소금으로 맞춘다.

TIP
1. 가지를 전자레인지에 익힐 때는 가지 껍질이 약간 갈색이 돌게 변하면 익은 거예요. 보기에는 물러 보이지 않지만 젓가락으로 섞으면 부드럽게 익은 느낌이 들 거예요.
2. 가지를 무쳐놓으면 가지에서 수분이 나와 간이 약해지기 때문에 무칠 때 약간 짭짤한 듯하게 간을 맞춰야 맛있어요.

생참나물무침

1인분 : 칼로리 **148kcal** | 지방 **14g** | 탄수화물 **4.7g** | 식이섬유 **2.6g** | 단백질 **2.1g**

> 엄마가 새콤달콤하게 무쳐 주시는 생참나물무침은 제가 좋아하는 반찬이었어요. 참나물은 보통 데쳐서 나물로 먹는데 샐러드처럼 생으로 무치면 향긋하면서도 상큼해 구운 고기나 육전과 잘 어울려요. 요즘엔 쌈채소 코너에 가면 사계절 내내 참나물을 살 수 있으니 꼭 만들어보세요.

 재료 (2인분)

- 참나물 150g
- 시판 국간장 2작은술
- 애플사이더 식초 1큰술
- 고춧가루 1큰술
- 에리스리톨 1작은술
- 생들기름 2큰술
- 통깨 1작은술

 만들기 (준비와 조리 10분)

1. 참나물은 씻어서 길이 3~4cm로 자른 후 샐러드 스피너에 돌려 물기를 제거한다.

2. 볼에 참나물을 담고 고춧가루, 에리스리톨, 통깨를 넣어 고루 버무린 후 국간장, 식초를 넣고 살살 버무린다. 고루 버무려지면 생들기름을 넣고 버무려 마무리한다.

> **TIP**
> 1. 생나물을 무칠 때 기름을 먼저 넣으면 나머지 양념이 겉돌 수 있으니 기름 종류는 양념을 나물에 버무린 후에 넣으세요.
> 2. 집에서 만든 국간장은 염도가 다를 수 있어 시판 국간장을 사용했어요.

오이들기름깨무침

1인분 : 칼로리 **84kcal** | 지방 **7.3g** | 탄수화물 **3.6g** | 식이섬유 **1.2g** | 단백질 **1.2g**

> 오이의 아작아작한 식감을 좋아해서 그런지 제가 만든 요리법들을 모아놓고 보니 절인 오이를 이용한 요리가 많더라고요. 오이들기름깨무침은 만들기도 쉽고 여름철에 아주 요긴한 반찬이에요. 하루 전날 밤 오이를 소금에 버무려 냉장고에 넣어두었다가 다음 날 물기를 꼭 짜 버무리기만 하면 됩니다.

 **재료** (6인분)

- 오이 900g(큰 것 4개)
- 소금 18g
- 생들기름 3큰술
- 통깨 2작은술
- 검은깨 1작은술

 만들기 (오이 절이기 하룻밤, 조리 5분)

1. 오이는 깨끗이 씻어 슬라이서(채칼) 등의 도구를 이용해 얇게 자른다.
2. 오이를 분량의 소금으로 고루 버무려 냉장고에 하룻밤 둔다.
3. 오이의 물기를 꼭 짜내고 생들기름, 통깨, 검은깨를 넣어 고루 버무린다.

 오이의 양을 달리한다면 소금의 양은 오이 무게의 2%로 잡으면 됩니다.

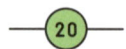

하얀 콩나물무침

1인분 : 칼로리 **71kcal** | 지방 **4.5g** | 탄수화물 **3.3g** | 식이섬유 **1.2g** | 단백질 **5.2g**

> 콩나물무침은 한식에서 빼놓을 수 없는 나물 반찬이지요? 작은 냄비 하나로 콩나물무침을 완성하는 방법을 알려드릴게요. 이렇게 콩나물을 익히는 건 신혼 때 친구 시어머님께 배웠는데 그 이후로 콩나물무침을 만들 땐 늘 이 방법을 이용해요. 간편하기도 하지만 아작거리는 콩나물의 식감을 제대로 즐길 수가 있거든요.

 **재료** (2인분)

- 콩나물 200g
- 국간장 1/2작은술
- 통깨 1작은술
- 생들기름 1/2큰술
- 소금 약간

 만들기 (준비와 조리 10분)

1. 콩나물은 잘 씻어서 건진 후 냄비에 담고 물 2큰술을 넣는다.
2. 냄비 뚜껑을 닫고 불에 올린 후 바닥의 물이 끓고 김이 나기 시작하면 약한 불로 줄여 7분간 익힌다. (중간에 냄비 뚜껑을 열지 않는다.)
3. 통깨를 작은 절구나 양손바닥을 이용해 부수어놓는다.
4. 냄비의 물을 따라낸 후 콩나물에 국간장, 생들기름, 3의 깨를 넣고 젓가락으로 버무린다. 소금을 넣어 모자라는 간을 맞춘다.

 TIP

1. 콩나물이 익자마자 뜨거울 때 양념을 넣어 버무려야 양념이 겉돌지 않고 배어들어요.
2. 이런 나물을 만들 땐 통깨를 잘게 부수어 넣으면 훨씬 고소한데, 미리 빻아두면 지방이 산패될 수 있고 고소한 향도 날아가니 필요할 때마다 조금씩 빻아 쓰는 게 좋아요.
3. 콩나물을 익힐 때 냄비 뚜껑에 증기 구멍이 있다면 키친타월을 여러 번 접어 물에 적신 후 증기 구멍 위에 올려 김이 새어나가지 않게 해주세요.

21
빨간 콩나물무침

1인분 : 칼로리 **76kcal** | 지방 **4.7g** | 탄수화물 **4.3g** | 식이섬유 **1.6g** | 단백질 **5.4g**

> 어릴 때부터 자주 먹어 익숙한 콩나물무침이에요. 고춧가루도 듬뿍, 파와 마늘도 듬뿍 들어가고 콤콤한 국간장으로 짭짤하고 감칠맛 돌게 무친 나물이라 빨간 콩나물무침 접시에는 늘 맛있는 국물이 흥건했던 기억이 나요. 밥반찬이 아닌 고기나 탕에 곁들일 사이드 메뉴로 먹는 요즘은 좀 덜 자극적이게 만들어 먹고 있어요.

 **재료** (2인분)

- 콩나물 200g
- 국간장 1작은술
- 다진 파 2큰술
- 다진 마늘 1/2작은술
- 고춧가루 1작은술
- 통깨 1작은술
- 참기름 1작은술
- 소금 약간

 만들기 (준비와 조리 10분)

1. 콩나물을 잘 씻어서 건진 후 냄비에 담고 물 2큰술을 넣는다.
2. 냄비 뚜껑을 닫고 불에 올린 후 바닥의 물이 끓고 김이 나기 시작하면 약한 불로 줄여 7분간 익힌다. (중간에 냄비 뚜껑을 열지 않는다.)
3. 통깨를 작은 절구나 양손바닥을 이용해 부수어놓는다.
4. 냄비의 물을 따라낸 후 콩나물에 국간장, 다진 파, 다진 마늘, 고춧가루, 참기름, 3의 깨를 넣고 젓가락으로 버무린다. 소금으로 모자라는 간을 맞춘다.

 1. 콩나물이 뜨거울 때 양념 재료를 넣고 무쳐야 간도 잘 배고 파와 마늘의 날내도 없어져요.

2. 콩나물을 익힐 때 냄비 뚜껑에 증기 구멍이 있다면 키친타월을 여러 번 접어 물에 적신 후 증기 구멍 위에 올려 김이 새어나가지 않게 해주세요.

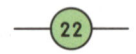

시금치나물

1인분 : 칼로리 **28kcal** | 지방 **1.5g** | 탄수화물 **2.9g** | 식이섬유 **1.6g** | 단백질 **2.1g**

> 시금치나물은 소금으로 간을 하고 참기름을 넉넉하게 넣어 고소하게 무치는 게 일반적이지만 어간장을 약간만 넣고 나머지 간을 소금으로 맞추면 감칠맛을 더할 수 있어요. 이때 어간장은 나물에서 어간장 향이 느껴지지 않을 정도로 소량만 넣으세요.

재료 (2~3인분)

- 시금치 200g
- 어간장 1/2작은술
- 통깨 1작은술
- 다진 마늘 1/2작은술(선택)
- 참기름 1/2작은술
- 소금 약간

만들기 (준비와 조리 10분)

1. 냄비에 물을 넉넉히 담고 소금을 약간 넣어 끓인다.
2. 1의 물이 팔팔 끓으면 시금치를 넣고 데쳐 숨이 죽고 색이 진해지면 건져내 찬물에 바로 헹군다.
3. 2의 시금치를 꼭 짜서 물기를 제거하고 어간장, 다진 마늘(선택), 참기름을 넣어 조물조물 무친다.
4. 통깨를 부수어서 넣고 고루 무친 후 모자라는 간은 소금으로 맞춘다.

TIP 나물류를 만들 땐 통깨를 잘게 부수어 넣으면 훨씬 고소한데 미리 빻아두면 지방이 산패될 수 있고 고소한 향도 날아가니 필요할 때마다 조금씩 빻아 쓰는 게 좋아요.

들깨열무나물

1인분 : 칼로리 **113kcal** | 지방 **10.9g** | 탄수화물 **6.8g** | 식이섬유 **2.1g** | 단백질 **3.6g**

> 억세지 않고 부드러운 열무가 보이면 사다가 데쳐서 된장 양념에 무쳐보세요. 구운 고기나 고깃국 종류에 곁들일 채소 사이드 메뉴로 좋아요. 일반식을 하는 가족이 있다면 밥반찬으로도 맛있어요.

재료 (4인분)

- 열무 1/2단(손질 후 약 500g)
- 들깻가루 3큰술
- 다진 마늘 1/2큰술
- 집된장 1½큰술
- 생들기름 2큰술
- 소금 약간

 만들기 (준비와 조리 20분)

1. 큰 냄비에 물을 붓고 소금을 약간 넣어 끓인다.
2. 1이 끓으면 열무를 줄기 쪽부터 넣고 잠시 후 잎이 있는 쪽까지 넣어 데친다.
3. 열무의 줄기가 부드럽게 휠 정도로 익으면 건져서 찬물에 식힌 후 물기를 꼭 짠다.
4. 열무를 먹기 좋은 길이로 잘라 볼에 담은 후 들깻가루, 다진 마늘, 된장, 생들기름을 넣어 간이 배도록 조물조물 무친다. 간이 모자라면 소금으로 맞춘다.

얼갈이배추된장나물

1인분 : 칼로리 **83kcal** | 지방 **6.7g** | 탄수화물 **3.7g** | 식이섬유 **1.5g** | 단백질 **3.1g**

> 생채소를 먹으면 소화가 잘 안 되는데 익혀 먹으면 속이 편하다는 사람이 꽤 많지요. 우리나라의 나물 반찬들은 다듬고 데치고 무치고… 손은 많이 가지만 먹을 때마다 참 좋은 저탄고지 메뉴라는 생각이 들어요. 특히 얼갈이배추된장나물을 먹을 때마다 그런 생각이 드는데 샐러드에 올리브오일을 넉넉히 뿌려 먹듯이 나물에 생들기름을 듬뿍 넣어 무쳐 먹으면 맛도 있고 속도 편하거든요. 요즘엔 어느 계절이나 얼갈이배추를 쉽게 살 수 있고 가격도 저렴하니 한식 저탄고지 밥상에 만만한 채소 메뉴로 이만한 게 없어요.

 재료 (3~4인분)

- 얼갈이배추 600g
- 집된장 1½큰술
- 생들기름 2큰술
- 다진 마늘 1/2작은술
- 국간장(또는 어간장) 약간
- 통깨 1작은술
- 소금 약간

 만들기 (준비와 조리 20분)

1. 얼갈이배추는 뿌리가 있는 밑동을 잘라낸 후 깨끗이 씻는다.
2. 웍이나 큰 냄비에 물을 붓고 소금을 약간 넣어 끓인 후 1의 얼갈이배추를 줄기 쪽부터 넣고 잠시 후 잎 부분까지 넣어 데친다. 줄기가 휘어질 정도로 익으면 건져 바로 찬물에 담근다.
3. 2를 찬물에 헹군 후 물기를 꼭 짜고 4~5cm 길이로 잘라놓는다.
4. 3의 얼갈이배추에 집된장, 다진 마늘, 생들기름을 넣고 통깨를 넣어 조물조물 무친 후 모자라는 간은 국간장이나 어간장으로 맞춘다.

 TIP 구입한 얼갈이배추의 양이 많다면 한꺼번에 데쳐서 일부는 나물을 만들고 남은 것은 비닐봉지에 담아 밀봉해 얼려두세요(얼리는 법은 26쪽 참조). 된장국이나 탕을 끓일 때 사용할 수 있어요.

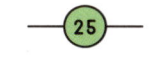

고사리나물

1인분 : 칼로리 **73kcal** | 지방 **5.8g** | 탄수화물 **3.8g** | 식이섬유 **0.4g** | 단백질 **2.9g**

> 말려서 보관한 나물을 다시 불려서 볶아 만드는 묵나물은 특유의 묵직하고 고소한 맛이 있어 채소 반찬 같지가 않아요. 말리는 동안 햇빛의 에너지를 듬뿍 받아서일까요. 제대로 묵나물을 불리는 방법만 알면 오래 볶을 필요가 없어 생각보다 어렵지 않아요!

 **재료** (4인분)

- 건고사리 30g
- 다진 대파 2큰술
- 다진 마늘 1작은술
- 리퀴드 아미노스 2작은술
- 어간장 1/2작은술
- 아보카도 오일 1큰술
- 생들기름 2작은술
- 통깨 약간

 만들기 (불리기 약 12시간, 조리 5분)

1. 건고사리는 불려서(불리는 법 28쪽 참조) 찬물에 여러 번 헹군 후 뚝뚝 흐르는 물기가 없을 정도로만 짜서 적당히 잘라놓는다.
2. 1의 고사리에 리퀴드 아미노스와 어간장을 넣어 조물조물 버무린다.
3. 팬에 아보카도 오일과 다진 대파, 다진 마늘을 넣고 중간 불에 볶아 향을 낸다.
4. 3에 2의 고사리를 넣어 고루 뜨거워지고 양념이 어우러질 정도로만 볶은 후 불을 끄고 생들기름과 통깨를 넣어 섞는다.

1. 건고사리 30g을 불리면 250g 정도가 되니 불려놓은 고사리를 구입할 때 참고하세요.
2. 저희 엄마는 고사리나물에 꼭 다진 소고기를 넣어 함께 볶아내는데 그 조합도 참 맛있어요. 만능 고기볶음(125쪽 참조)을 만들어둔 게 있다면 고사리나물을 볶을 때 조금 넣어 함께 볶아보세요.

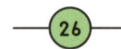

건취나물볶음

1인분 : 칼로리 **61kcal** | 지방 **5.7g** | 탄수화물 **1.9g** | 식이섬유 **0.8g** | 단백질 **1.1g**

> 묵나물 볶음을 만들 땐 여러가지를 한꺼번에 만들면 좋아요. 묵나물을 불리고 볶는 방법이 비슷하기 때문에 여러 가지를 만들어도 크게 힘들지 않거든요. 다양한 묵나물을 볶은 뒤 고추장과 달걀프라이를 올리고 아보카도, 양배추볶음(145쪽 참조), 3분 곤약쌀밥(142쪽 참조) 중 있는 것을 이용해 비빔 볼을 만들기도 좋아요.

 재료 (4인분)

- 건취나물 30g
- 다진 대파 2큰술
- 다진 마늘 1작은술
- 국간장 1작은술
- 어간장 1/2작은술
- 아보카도 오일 1큰술
- 생들기름 2작은술
- 통깨 약간

 만들기 (불리기 약 12시간, 조리 5분)

1. 건취나물은 불려서(불리는 법 28쪽 참조) 찬물에 여러 번 헹군 후 뚝뚝 흐르는 물기가 없을 정도로만 짜놓는다.

2. 1의 취나물에 국간장과 어간장을 넣어 조물조물 버무린다.

3. 팬에 아보카도 오일과 다진 대파, 다진 마늘을 넣고 중간 불에 볶아 향을 낸다.

4. 3에 2의 취나물을 넣어 고루 뜨거워지고 양념이 어우러질 정도로만 볶은 후 불을 끄고 생들기름과 통깨를 넣어 섞는다.

 나물 종류에 따라서 충분히 불지 않아 줄기 부분이 질기다면 볶을 때 물 1~2큰술을 끼얹고 뚜껑을 닫아 약한 불에서 잠시 익히면 됩니다.

27
건고구마순볶음

1인분 : 칼로리 **64kcal** | 지방 **5.7g** | 탄수화물 **2.6g** | 식이섬유 **0.7g** | 단백질 **1.5g**

> 건고구마순은 처음 보면 이게 사람이 먹는 게 맞나싶게 생겼는데 잘 불려 볶아놓으면 아주 맛있어요. 저희 집에서도 여러 가지 묵나물을 차려 내면 늘 건고구마순나물이 제일 인기가 많아요.

 **재료** (4인분)

- 건고구마순 30g
- 다진 대파 2큰술
- 다진 마늘 1작은술
- 리퀴드 아미노스 1작은술
- 어간장 1/2작은술
- 아보카도 오일 1큰술
- 생들기름 2작은술
- 통깨 약간

 만들기 (불리기 약 12시간, 조리 5분)

1. 건고구마순은 불려서(불리는 법 28쪽 참조) 찬물에 여러 번 헹군 후 뚝뚝 흐르는 물기가 없을 정도로만 짜서 적당히 잘라놓는다.
2. 1의 고구마순에 리퀴드 아미노스와 어간장을 넣어 조물조물 버무린다.
3. 팬에 아보카도 오일과 다진 대파, 다진 마늘을 넣고 중간 불에 볶아 향을 낸다.
4. 3에 2의 고구마순을 넣어 고루 뜨거워지고 양념이 어우러질 정도로만 볶은 후 불을 끄고 생들기름과 통깨를 넣어 섞는다.

 나물은 한 김 식혀 먹거나 냉장 보관하며 먹기 때문에 저는 찬 온도에서도 굳지 않는 아보카도 오일을 이용해요.

토란대나물

1인분 : 칼로리 **78kcal** | 지방 **6.5g** | 탄수화물 **3.9g** | 식이섬유 **1g** | 단백질 **2.3g**

> 불린 토란대는 육개장 재료로도 자주 쓰이지요. 토란대를 볶아 나물을 만들 땐 들깻가루와 함께 물을 잘박하게 넣어 촉촉하게 만들면 맛있어요. 토란을 먹고 입술이 붓거나 목구멍이 간질거린 적이 있다면 토란대를 먹고도 그럴 수 있어요. 식구 중 그런 사람이 있다면 토란대를 삶아서 하룻밤 불릴 때 물을 중간에 한두 번 갈아주고, 헹굴 때에도 좀 더 여러 번 헹구어주면 훨씬 나아요.

 재료 (4인분)

- 건토란대 30g
- 다진 대파 2큰술
- 다진 마늘 1작은술
- 국간장 1작은술
- 어간장 2작은술
- 들깻가루 1½큰술
- 아보카도 오일 1큰술
- 생들기름 2작은술
- 통깨 약간

 만들기 (불리기 약 12시간, 조리 5분)

1. 건토란대는 불려서(불리는 법 28쪽 참조) 찬물에 여러 번 헹군 후 뚝뚝 흐르는 물기가 없을 정도로만 짜서 적당히 잘라놓는다.
2. 1의 토란대에 국간장과 어간장을 넣어 조물조물 버무린다.
3. 팬에 아보카도 오일과 다진 대파, 다진 마늘을 중간 불에 볶아 향을 낸다.
4. 3에 2의 토란대를 넣고 들깻가루와 물 3~4큰술을 넣은 후 고루 뜨거워지고 양념이 어우러질 정도로 볶는다. 간이 모자라면 국간장을 조금 더 넣어 맞춘다.
5. 불을 끄고 생들기름과 통깨를 넣어 섞는다.

호박고지볶음

1인분 : 칼로리 **62kcal** | 지방 **5.8g** | 탄수화물 **2.5g** | 식이섬유 **0.8g** | 단백질 **0.8g**

> 생호박볶음도 맛있지만 호박고지볶음은 쫄깃한 식감까지 더해져 참 맛있어요. 호박고지처럼 열매류를 말린 나물은 과하게 불리면 볶을 때 다 풀어질 수 있으니 불리는 요령을 숙지하고 적당히 불려주세요. 호박고지볶음 2~3인분에 사골국이나 미역국을 함께 먹으면 든든한 1인분 한 끼 식사가 돼요.

 재료 (4인분)

- 호박고지 50g
- 다진 대파 2큰술
- 다진 마늘 1작은술
- 리퀴드 아미노스 1작은술
- 국간장 1/2작은술
- 고춧가루 1작은술
- 아보카도 오일 1큰술
- 생들기름 2작은술
- 통깨 약간

 만들기 (불리기 20~30분, 조리 5분)

1. 호박고지는 불려서(불리는 법 28쪽 참조) 찬물에 여러 번 헹군 후 뚝뚝 흐르는 물기가 없을 정도로만 짜놓는다.
2. 1의 호박고지에 리퀴드 아미노스와 국간장, 고춧가루를 넣어 조물조물 버무린다.
3. 팬에 아보카도 오일과 다진 대파, 다진 마늘을 넣고 중간 불에 볶아 향을 낸다.
4. 3에 2의 호박고지를 넣어 고루 뜨거워지고 양념이 어우러질 정도로만 볶은 후 불을 끄고 생들기름과 통깨를 넣어 섞는다.

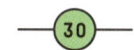

호박양념장구이

1인분 : 칼로리 **167kcal** | 지방 **25.8g** | 탄수화물 **7.9g** | 식이섬유 **2.4g** | 단백질 **2.6g**

> 시아버님이 은퇴 후 텃밭을 본격적으로 가꾸시는 덕분에 고춧가루며 들깨 같은 것들을 늘 풍족히 먹게 되었어요. 아버님의 텃밭 농작물 중 감자나 옥수수는 저희 부부가 안 먹으니 그것들을 제외한 나머지 농작물을 3형제 중 저희 집으로 몰아서 보내주시는 것 같아요. 여름이면 호박이랑 가지 같은 것들을 잔뜩 보내주시니 여름에 더욱 자주 먹게 되는 호박구이입니다. 호박을 오일에 노릇하게 구워서 양념장을 끼얹어 내면 맛있는 여름 밥상 메뉴가 됩니다.

 **재료** (1인분)

- 풋호박(또는 애호박) 200g
- 라드 1큰술

| 양념장 |

- 청양고추 1/2개
- 다진 대파(흰 부분) 1큰술
- 다진 마늘 1/2작은술
- 리퀴드 아미노스 2작은술
- 생들기름 1큰술
- 고춧가루 1/4작은술
- 생수 1작은술
- 통깨 1/2작은술

 만들기 (준비와 조리 15분)

1. 청양고추는 잘게 썰어 나머지 양념장 재료와 고루 섞어둔다.
2. 호박은 0.5cm 두께로 자른다.
3. 달군 팬에 라드를 녹이고 2의 호박을 올려 앞뒤로 노릇하게 굽는다.(중간 불 이상을 유지한다.)
4. 구운 호박 위에 1의 양념장을 고루 끼얹는다.

 호박은 중간 불 이상의 센 듯한 불에서 구워야 노릇하게 구울 수 있어요.

파소스 가지튀김

1인분 : 칼로리 **311kcal** | 지방 **27.1g** | 탄수화물 **17g** | 식이섬유 **4.9g** | 단백질 **1.6g**

> 신혼 때 '82쿡'이라는 사이트에서 배워서 자주 만들어 먹던 반찬이에요. 키토식을 한 이후엔 가지를 바삭하게 튀기는 역할을 해주는 전분을 먹지 않기 때문에 잊고 살던 메뉴지요. 고구마 전분을 소량 사용해 만들어보니 탄수화물량은 얼마 되지 않으면서 겉은 파삭하고 속은 촉촉한 가지튀김이 주는 만족감이 대단했어요. '반갑다, 파소스 가지튀김!' 이게 뭐라고 이렇게 맛있나 싶으실 거예요. 총 탄수화물량 중 고구마 전분으로 인한 탄수화물량은 8.4g입니다.

 재료 (1인분)

- 가지 1개
- 고구마 전분 10g
- 라드 4~5큰술

| 양념장

- 생수 2작은술
- 리퀴드 아미노스 2작은술
- 에리스리톨 1작은술
- 식초 1작은술
- 다진 대파 1큰술
- 다진 마늘 1/4작은술
- 참기름 1/4작은술
- 다진 홍고추 약간

만들기 (준비와 조리 20분)

1. 가지는 4~5cm 길이로 자른 후 두께에 따라 세로로 6~8등분한다.
2. 양념장 재료를 모두 섞어 에리스리톨이 녹도록 저어준다.
3. 일회용 비닐백에 1의 가지를 넣고 고구마 전분을 넣은 후 공기가 들어가게 해 입구를 봉한 후 흔들어 전분을 가지에 고루 묻혀준다.
4. 팬에 라드를 넉넉히 녹이고 중간 불에서 가지의 겉면이 바삭해질 때까지 튀기듯 굽는다.
5. 4의 가지를 접시에 담고 2의 양념장을 끼얹은 후 바로 먹는다.

1. 가지를 튀길 때 흡수되는 라드의 양은 1½~2큰술 정도입니다.
2. 가지를 튀길 때 겉면을 젓가락으로 건드려봐서 바삭해진 느낌이 나면 다 익은 거예요. 다 익어도 노릇한 색이 나지는 않아요.

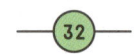
부추무침

1인분 : 칼로리 **66kcal** | 지방 **5.5g** | 탄수화물 **3.5g** | 식이섬유 **1.9g** | 단백질 **2.1g**

> 저희 집에서 가장 자주 먹는 채소를 꼽으라면 아마 부추일 거예요. 부추를 워낙 좋아하기도 하지만 부추는 한 단 사면 그 양이 만만치 않아 부지런히 먹어야 하거든요. 부추무침은 생으로도 먹지만 두 배 정도의 양을 만들어 삼겹살을 구울 때 한쪽에 올려 살짝 구워 함께 먹기도 해요. (구우면 양이 많이 줄기 때문에 넉넉히 만들지요.) 여기에 소개된 부추무침에서 들기름만 빼고 만들면 돼지국밥에 넣어 먹는 부추무침이 됩니다.

 재료 (2인분)

- 부추 100g
- 고춧가루 1작은술
- 다진 마늘 1/2작은술
- 어간장 2/3작은술
- 생들기름 2작은술
- 통깨 1작은술

 만들기 (준비와 조리 10분)

1. 부추는 깨끗이 씻어 4~5cm 길이로 자른 뒤 샐러드 스피너에 돌려 물기를 제거한다.

2. 부추에 고춧가루와 다진 마늘을 넣고 젓가락으로 고루 섞는다.

3. 2에 어간장을 넣고 젓가락으로 살살 섞은 후 생들기름과 통깨를 넣어 고루 버무린다.

 부추처럼 짓무르기 쉬워 살살 버무려야 하는 채소는 가루 양념을 먼저 섞어주고 액체 양념을 넣어 버무리면 양념이 뭉치지 않고 재료도 상처 나지 않게 버무릴 수 있어요.

오이고추된장마요무침

1인분 : 칼로리 **97kcal** | 지방 **8.5g** | 탄수화물 **4.1g** | 식이섬유 **0.7g** | 단백질 **1.8g**

> 식당에서 된장에 버무린 오이고추 반찬이 나오면 맛있게 먹었던 기억이 있어요. 하지만 식당에서는 된장의 짠맛을 중화시키기 위해 물엿을 넣어 만들기 때문에 키토식으로 먹을 수 있는 반찬은 아니에요. 집된장에 물엿 대신 마요네즈를 넣고 오이고추를 버무리면 고소하고 짭짤한 양념과 시원한 오이고추의 맛이 잘 어울리니 고기를 구워 먹을 때 곁들여보세요.

 **재료** (2인분)

- 오이고추 3개(60g)
- 집된장 1큰술
- 마요네즈 1½큰술
- 통깨 1작은술

 만들기 (준비와 조리 5분)

1. 오이고추는 길게 반 갈라 씨 부분을 제거하고 1cm 너비로 송송 썬다.
2. 집된장에 마요네즈와 통깨를 넣어 잘 섞은 후 먹기 직전에 1의 오이고추를 넣고 고루 버무린다.

 수분이 많은 오이고추에 양념이 닿으면 물이 나오니 먹기 직전에 버무리세요.

닭살오이무침

1인분 : 칼로리 **217kcal** | 지방 **9.4g** | 탄수화물 **9.1g** | 식이섬유 **3g** | 단백질 **25g**

> 닭 가슴살을 오이와 함께 새콤 매콤하면서도 고소하게 무쳐낸 닭살오이무침은 어느 유명한 칼국수집에 가면 맛볼 수 있는 반찬이었어요. 단맛은 진주표 키토 고추장으로만 내고 생들기름을 넉넉히 넣어 무치니 맛있고 풍성한 요리가 완성되었어요.

재료 (4인분)

- 닭 가슴살 400g
- 오이 400g
- 맵지 않은 **풋고추** 4~5개 (또는 오이고추 2개)
- 통깨 약간

| 양념 |

- 진주표 키토 고추장(266쪽 참조) 2큰술
- 고춧가루 2큰술
- 리퀴드 아미노스 1큰술
- 애플사이더 식초 2큰술
- 연겨자 1/2작은술
- 들깻가루 1큰술
- 생들기름 2큰술
- 소금 약간

만들기 (준비와 조리 30분)

1. 작은 냄비에 닭 가슴살을 담고 찬물을 닭 가슴살 위로 2cm 정도 올라오게 부은 후 소금을 2~3꼬집 넣고 뚜껑을 덮지 않은 채 센 불에 올린다.

2. 1의 물이 바글바글 끓으면 뚜껑을 덮고 불을 끈 후 10분간 그대로 두어 익힌다. 익은 닭고기를 꺼내어 한 김 식으면 큼직하게 찢어둔다.

3. 오이는 반 갈라 어슷하게 썰어두고, 고추는 어슷하게 썰어 찬물에 담갔다가 건져 씨를 제거한다.

4. 모든 양념 재료를 고루 섞은 후 준비한 닭 가슴살, 고추, 오이를 넣고 살살 버무린다.

5. 통깨를 뿌려 낸다.

TIP 1. 1~2번 과정을 거치면 닭 가슴살을 퍽퍽하지 않고 촉촉하게 익힐 수 있어요.
2. 들깻가루가 없다면 생략해도 괜찮아요.

달래족편무침

1인분 : 칼로리 **557kcal** | 지방 **36.2g** | 탄수화물 **12.3g** | 식이섬유 **3.7g** | 단백질 **45.6g**

> 돼지껍데기족편을 만들었다면 채소를 넣고 상큼한 무침도 만들어보세요. 계곡 옆 식당 스타일의 도토리묵 무침처럼 달래와 깻잎, 오이를 넣고 도토리묵 대신 족편을 넣어 버무리면 향긋하면서도 개운한 달래족편무침이 됩니다.

재료 (2인분)

- 돼지껍데기족편(218쪽 참조) 300g
- 오이 200g
- 달래 100g
- 깻잎 10장
- 양파 50g
- 홍고추 1/2개
- 리퀴드 아미노스 2큰술
- 고춧가루 1큰술
- 애플사이더 식초 1큰술
- 에리스리톨 1큰술
- 생들기름 2큰술
- 통깨 1/2큰술
- 다진 마늘 1작은술

만들기 (준비와 조리 10분)

1. 돼지껍데기족편은 먹기 좋은 크기로 잘라놓는다.

2. 오이는 반 갈라 얇게 썰고 양파는 채 썬다. 달래는 4~5cm 길이로 자르고 홍고추는 어슷하게 썬다. 깻잎은 반으로 잘라 1.5cm 너비로 썰어둔다.

3. 리퀴드 아미노스, 고춧가루, 애플사이더 식초, 에리스리톨, 통깨, 다진 마늘을 잘 섞어 족편, 양파, 오이와 함께 버무린 후 생들기름, 달래, 홍고추, 깻잎을 넣고 살살 섞는다.

밥상을 균형 있게!
사계절 기본 반찬

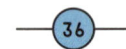

소고기장조림

1인분(건더기만 약 60g) : 칼로리 **83kcal** | 지방 **3.1g** | 탄수화물 **1.5g** | 식이섬유 **0.4g** | 단백질 **11.8g**

❝ 언젠가 TV 프로그램에서 본 대박 반찬집의 장조림 비법에서 아이디어를 얻은 장조림이에요. 그 반찬집의 비법은 물엿이 포인트였기 때문에 키토식 장조림을 만들기 위해서 양념은 대대적으로 손을 봐야 했지요. 소고기장조림은 지방량이 많은 반찬은 아니지만 만들어두면 일반식을 하는 식구들과 함께 먹기도 좋고 한식 키토식 밥상에 반찬으로 곁들이기에도 좋아요.❞

 재료 (10인분)

- 소고기(사태나 홍두깨살) 500g
- 꽈리고추 200g
- 아보카도 오일 1큰술
- 리퀴드 아미노스 1/2컵
- 에리스리톨 3큰술
- 대파(흰 부분) 30cm
- 다진 마늘 2작은술

※ 1컵 = 240ml

 만들기 (준비와 조리 1시간)

1. 소고기는 2~3덩이로 잘라 냄비에 담고 고기가 충분히 잠기도록 찬물을 부어 불에 올린다.
2. 1의 물이 끓으면 중센 불에서 30분간(또는 젓가락으로 고기를 찔러보아 쑥 들어가고 젓가락을 찔렀던 구멍에서 핏물이 나오지 않을 때까지) 익힌다.
3. 고기를 꺼내어 식힌 후 먹기 좋게 찢어놓고 고기 삶은 물 1컵을 덜어놓는다.
4. 대파 흰 부분은 2cm 길이로 잘라놓는다.
5. 냄비에 아보카도 오일을 두르고 꽈리고추를 2~3분간 볶는다.
6. 5에 대파를 넣고 함께 슬쩍 볶은 후 리퀴드 아미노스, 에리스리톨, 3의 고기 삶은 물, 다진 마늘을 넣고 끓인다.
7. 국물이 바글바글 끓으면 3의 찢은 고기를 넣고 다시 국물이 끓어오를 때까지만(1분 미만) 끓인 후 불에서 바로 내린다.

 고기에 양념을 해 오래 조리지 않는 게 포인트예요. 7번 과정에서 고기를 넣은 후 오래 조리면 짜고 질겨지니 1분 미만으로 끓여주세요.

37

만능 장아찌

1인분 : 칼로리 **15kcal** | 지방 **0.1g** | 탄수화물 **3g** | 식이섬유 **0.4g** | 단백질 **1.1g**

> 새콤달콤 짭짤한 장아찌는 기름기가 많은 키토식에 잘 어울리는 반찬이에요. 누가 만들어도 일정한 맛을 내도록 하기 위해 시판 국간장을 이용했어요. 청정원의 '햇살담은 국간장'은 메주로 만든 국간장이긴 하지만 비교적 진간장과 비슷한 향과 맛을 가지고 있어 새콤달콤한 장아찌를 만들기에 어울려요. 밀이 첨가된 진간장을 사용하는 것보다는 낫다고 생각하지만 몇 가지 첨가물이 들어 있는 게 아쉬운 점이에요. 샘표의 '맑은 조선간장'은 메주로만 만든 재래식 국간장에 가깝고 장아찌를 만들었을 때 약간 더 짠 듯하지만 뒷맛이 깔끔해요.(첨가물이 없다는 장점도 있고요.)

 재료 (10인분)

- 오이 2개(씨를 제거한 후 250g)
- 양파 150g
- 청양고추 3개
- 시판 국간장(청정원 햇살담은 국간장 또는 샘표 맑은 조선간장) 1/2컵
- 화이트 식초 1/2컵
- 에리스리톨 1/4컵
- 물 1/2컵

※ 1컵 = 240ml

 만들기 (준비와 조리 15분, 하룻밤 숙성)

1. 오이는 길게 반으로 갈라 씨 부분을 티스푼으로 제거한 후 1cm 두께로 자른다.
2. 양파는 사방 2cm 크기로 자른다. 청양고추는 잘게 송송 썬다.
3. 1과 2를 고루 섞어 밀폐가 되는 내열 용기에 담는다.
4. 국간장, 화이트 식초, 에리스리톨을 냄비에 담고 물을 부어 끓인다.
5. 에리스리톨이 완전히 녹고 간장물이 팔팔 끓으면 뜨거울 때 3에 붓는다.
6. 완전히 식으면 냉장고에 넣고 다음 날부터 먹는다.

 오이의 씨 부분을 제거하고 장아찌를 만들면 아삭함이 훨씬 오래가요.

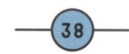

곰취장아찌

1인분 : 칼로리 **8kcal** | 지방 **0.1g** | 탄수화물 **1.3g** | 식이섬유 **0.4g** | 단백질 **1.6g**

> 장 보러 가서 곰취가 보이면 봄이 온 게 반가워 꼭 한두 번은 구입하게 되더라고요. 곰취는 쌈을 싸 먹어도 맛있지만 새콤달콤하게 장아찌를 담가도 맛있어요. 장아찌를 담가두면 향긋한 곰취를 계절에 상관없이 먹을 수 있지요. 일반식을 할 땐 절임 양념을 아낌없이 넉넉히 만들어 곰취장아찌를 만들었지만, 지금은 사용하는 양념들이 일반 양념이 아니다 보니 최소량으로 곰취를 절여 만들고 있어요. 비싼 양념 아까워서요. 곰취가 제철인 봄에 장아찌로 담가두고 고기 먹을 때 곁들여보세요.

 재료 (5~6인분)

- 곰취 200g
- 리퀴드 아미노스 90ml
- 화이트 식초 120ml
- 단맛 없는 증류식 소주 120ml
- 에리스리톨 3큰술

 만들기 (준비와 조리 10분, 절이기 하룻밤)

1. 곰취는 깨끗이 씻은 후 털어서 물기를 제거한다.
2. 볼에 리퀴드 아미노스, 식초, 소주, 에리스리톨을 넣고 고루 저어 에리스리톨을 녹인다.
3. 볼에 1의 곰취를 차곡차곡 담고 2의 양념을 고루 부은 후 곰취를 담은 볼보다 크기가 약간 작은 채반으로(또는 접시 등으로) 곰취를 눌러 하룻밤 둔다. (중간에 한두 번 뒤집어주면 좋다.)
4. 곰취가 고루 절여지면 밀폐 용기에 옮겨 담아 냉장 보관한다.

 1. 곰취에 비해 양념 양이 적어 보이지만 3의 방법으로 절이면 적은 양의 양념으로도 곰취를 절일 수가 있어요.

2. 곰취와 흡사하게 생긴 '곤달비'라는 게 있는데 향이 약간 약하긴 하지만 곰취 대신 사용해도 좋아요.

갈빗집 무절임

1인분 : 칼로리 **8kcal** | 지방 **0.1g** | 탄수화물 **1.7g** | 식이섬유 **0.8g** | 단백질 **0.3g**

> 갈빗집에서 흔히 반찬으로 나오는 새콤달콤한 무절임이에요. 기름기 많은 고기 위주의 키토식이 느끼해서 꾸준히 먹기 힘들다는 분들께는 도움이 될 반찬이지요. 기사식당 돼지갈비(208쪽 참조)나 정어리통조림쌈밥(164쪽 참조)을 먹을 때 곁들이면 맛있어요.

 재료 (6인분)

- 무 300g
- 물 1컵
- 화이트 식초 1/2컵
- 에리스리톨 60g
- 꽃소금 2/3큰술
- 고춧가루 1큰술

※ 1컵 = 240ml

 만들기 (준비와 조리 10분, 숙성 1~2일)

1. 무는 채칼을 이용해 고른 두께로 채 썰어 내열 용기에 담는다.
2. 냄비에 물, 화이트 식초, 에리스리톨, 꽃소금을 넣고 끓여 단촛물을 만든다.
3. 고운 체에 고춧가루를 담아 무 위에 올린 뒤 뜨거운 2의 단촛물을 고춧가루 위로 붓는다. 고춧가루가 담긴 체를 덜어내고 식힌다.
4. 완전히 식으면 밀폐 용기에 옮겨 담아 냉장고에 넣었다가 1~2일 후부터 먹는다.

 무를 채 써는 대신 깍둑썰기해 고춧가루 물을 들이지 않고 만들면 치킨무가 되고, 얇게 슬라이스해서 만들면 쌈무가 됩니다.

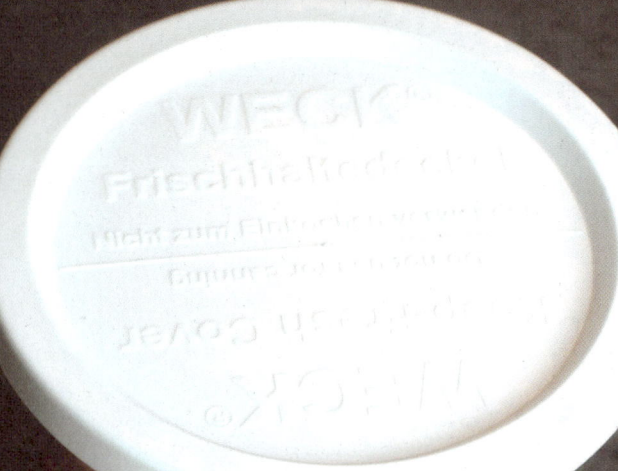

꽈리고추멸치볶음

1인분 : 칼로리 **73kcal** | 지방 **4.6g** | 탄수화물 **1.1g** | 식이섬유 **0.3g** | 단백질 **7.2g**

> 키토식을 시작한 초반에 냉동실의 멸치 일부로 멸치 가루를 만들어놓고 나머지는 주변에 몽땅 나눠줬어요. 앞으로 밥반찬인 멸치볶음을 먹을 일은 없겠다고 생각했거든요. 하지만 식단을 안정적으로 지속하게 되면서 한식으로 밥상을 구성할 때 가끔 멸치볶음이 생각나더라고요. 특히 국 종류를 먹을 때 짭짤하고 달짝지근한 멸치볶음을 곁들이면 맛있고 잘 어울려서 이제는 가끔 만드는 반찬이 되었지요. 즉석에서 만들어 먹는 요리가 많은 키토식의 특성상 멸치볶음 하나 정도를 밑반찬으로 만들어놓으면 다양한 밥상을 구성하기에도 좋아요.

 재료 (7~8인분)

- 멸치(볶음용) 100g
- 꽈리고추 100g
- 마늘 2쪽
- 에리스리톨 2작은술
- 단맛 없는 증류식 소주 1작은술
- 리퀴드 아미노스 1작은술
- 참기름 1/2작은술
- 통깨 1작은술
- 아보카도 오일 2큰술

 만들기 (준비와 조리 10분)

1. 꽈리고추는 1cm 길이로 송송 썰어 준비하고 마늘은 편으로 잘라놓는다.
2. 프라이팬에 아보카도 오일을 두르고 마늘 편을 넣어 약중간 불에서 볶는다.
3. 마늘이 부드럽게 익고 마늘 향이 나면 멸치를 넣고 멸치가 살짝 바삭해질 때까지 충분히 볶는다.
4. 멸치에 에리스리톨을 골고루 뿌린 후 소주를 뿌려 함께 볶으며 에리스리톨이 녹아 멸치와 고루 어우러지도록 한다.
5. 4의 멸치를 팬의 가장자리로 몰고 팬의 빈자리에 1의 꽈리고추를 넣어 뜨거워지도록 볶는다.
6. 꽈리고추에만 리퀴드 아미노스를 넣어 볶은 후 가장자리의 멸치와 함께 섞으며 볶는다.
7. 불을 끄고 참기름과 통깨를 넣어 고루 섞는다.

41
소고기고추장볶음

1큰술(20g) : 칼로리 **44kcal** | 지방 **3g** | 탄수화물 **1.9g** | 식이섬유 **1.1g** | 단백질 **3.2g**

> 대학교 1학년 여름 방학 때 유럽으로 배낭여행을 갔는데 엄마가 소고기고추장볶음을 만들어 케첩 튜브병에 넣어서 주셨어요. 컵라면 뚜껑에 소고기고추장볶음을 주욱 짜놓고 컵라면과 함께 먹으면 정말 꿀맛이었죠. 그래서인지 지금도 소고기고추장볶음을 보면 여행지에서의 두근거림과 함께 '최고 맛있는 거!'라고 떠올라요. 진주표 키토 고추장을 이용해 다진 소고기를 듬뿍 넣고 키토식 소고기고추장볶음을 만들었어요. 이것만 있으면 다른 재료 없이 달걀프라이만 넣고 아보카도 비빔볼을 해 먹어도 정말 맛있답니다.

 재료 (약 40큰술)

- **진주표 키토 고추장**(266쪽 참조) 200g
- **기름기 없는 다진 소고기** 200g
- **단맛 없는 증류식 소주** 2큰술
- **리퀴드 아미노스** 1큰술
- **참기름** 1작은술
- **에리스리톨** 1작은술
- **다진 마늘** 1작은술
- **잣** 1큰술
- **통깨나 검은깨** 1작은술

 만들기 (준비와 조리 10분)

1. 팬에 다진 소고기, 소주, 다진 마늘을 넣고 불에 올린 후 고기가 덩어리지지 않게 부숴주며 달달 볶는다.

2. 고기가 완전히 익으면 고추장, 리퀴드 아미노스, 에리스리톨을 넣고 끓이듯 볶는다.

3. 전체적으로 자글자글 끓으면 불에서 내리고 참기름, 잣, 통깨를 넣어 섞어준다.

4. 완전히 식힌 후 밀폐 용기에 담아 냉장 보관한다.

 1. 설탕이나 물엿이 들어가지 않고 고기 양도 많기 때문에 일반 고추장 볶음처럼 오래 보관하며 먹는 저장 식품은 아니에요. 조금씩 만들어 가능한 한 빨리 먹는 게 좋은데 밀폐 용기에 담아 냉장 보관하면 2~3주 정도는 괜찮아요.

2. 고기 양이 많은 고추장 볶음이라 지방 함량이 높은 소고기 부위를 사용할 경우 식은 후 식감과 색감이 약간 변해요. 소고기고추장볶음을 만들 때만큼은 기름기가 없거나 되도록 적은 부위를 쓰길 권해요.

새우깡

1인분 : 칼로리 **97kcal** | 지방 **6.8g** | 탄수화물 **0.6g** | 식이섬유 **0g** | 단백질 **7.8g**

> 키토식 초반에 가끔 만들어 먹던 짭짤한 간식거리예요. 밑반찬 거리로 사둔 건새우가 냉동실에 있다면 소금 간을 해 코코넛 오일에 볶아보세요. 짭짤 고소하고 바삭한 식감까지 더해져 슈퍼마켓에서 사 먹는 새우깡 못지않게 맛있답니다. 양에 비해 단백질 함량이 꽤 높기 때문에 너무 많이 먹지 않도록 주의하며 먹습니다. 잔멸치가 있다면 같은 방법으로 멸치깡을 만들어도 좋아요.

재료 (5인분)

- 건새우 70g (머리-꼬리 약 4cm 길이의 자잘한 새우 기준)
- 코코넛 오일 30g
- 소금 약간

만들기 (준비와 조리 10분)

1. 팬에 코코넛 오일을 녹이고 건새우를 넣어 약한 불에서 천천히 볶는다.
2. 소금으로 짭짤하게 간을 하며 바삭해질 때까지 볶은 후 펼쳐서 식힌다.
3. 완전히 식으면 밀봉해 보관한다.

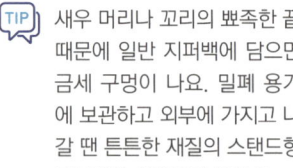 새우 머리나 꼬리의 뾰족한 끝 때문에 일반 지퍼백에 담으면 금세 구멍이 나요. 밀폐 용기에 보관하고 외부에 가지고 나갈 땐 튼튼한 재질의 스탠드형 지퍼백을 이용하면 좋아요.

만능 고기볶음

1큰술(10g) : 칼로리 **24kcal** | 지방 **1.5g** | 탄수화물 **0g** | 식이섬유 **0g** | 단백질 **2.5g**

❝ 다진 소고기를 짭짤하게 볶아 냉장 보관해 두면 유용한 양념과 부재료가 됩니다. 채소를 볶을 때 넣으면 보다 든든한 채소 요리를 만들 수 있고, 달걀말이에 넣으면 든든한 한 끼가 뚝딱 완성되지요. 국물 요리에 고명으로 올려도 좋으니 활용도 높은 만능 고기볶음을 꼭 만들어보세요. ❞

재료 (약 400g 분량)

- 다진 소고기 500g
- 단맛 없는 증류식 소주 2큰술
- 리퀴드 아미노스 2큰술
- 생강가루 1/4작은술
- 아보카도 오일 1큰술

만들기 (준비와 조리 10분)

1. 팬에 아보카도 오일을 두르고 다진 소고기를 넣은 후 고기가 뭉치지 않도록 부숴주며 볶는다.
2. 고기 색이 반쯤 변하면 소주, 리퀴드 아미노스, 생강가루를 넣고 볶는다.
3. 물기 없이 고슬고슬하게 볶아지면 완전히 식힌 후 밀폐 용기에 담아 냉장 보관한다.

버섯달걀고기볶음

1인분 : 칼로리 **387kcal** | 지방 **29g** | 탄수화물 **7.1g** | 식이섬유 **1.6g** | 단백질 **24.6g**

> 만능 고기볶음을 만들어둔 게 있다면 금세 뚝딱 만들 수 있는 든든한 요리예요. 볶은 양파와 버섯의 촉촉하고도 쫄깃한 식감이 뻔할 수 있는 달걀고기볶음의 맛을 한층 더 향상시켜줍니다. 국물 요리 한 가지만 곁들여도 한 끼 식사로 충분해요.

 재료 (2인분)

- 애느타리버섯 1팩(200g)
- 양파 60g
- 만능 고기볶음(125쪽 참조) 80g
- 달걀 4개
- 라드 2큰술
- 소금 약간
- 후추 약간
- 참기름 약간(선택)

 만들기 (준비 5분, 조리 10분)

1. 애느타리버섯은 지저분한 뿌리 끝부분만 제거한 뒤 먹기 좋은 크기로 찢고 양파는 채 썬다.
2. 팬에 라드를 1큰술 두르고 버섯과 양파를 센 불에 볶다가 소금과 후추로 간한다.
3. 버섯이 부드럽게 익으면 한쪽으로 최대한 몰아놓고 팬에 라드 1큰술을 녹인 후 달걀 4개를 깨 넣는다.
4. 달걀흰자가 반 이상 익으면 달걀 위에 만능 고기볶음을 뿌린 후 달걀을 휘저으며 볶는다.
5. 달걀이 익으면 한쪽으로 몰아놨던 버섯양파볶음과 함께 섞어 볶고 간이 모자라면 소금과 후추를 더한다.
6. 불에서 내린 후 참기름(선택)을 약간 넣어 섞는다.

 TIP 버섯양파볶음에 달걀을 바로 넣어 볶으면 곤죽이 되어버리니 꼭 팬 한쪽에서 따로 익힌 뒤 섞어주세요.

로메인고기볶음

1인분 : 칼로리 **277kcal** | 지방 **22g** | 탄수화물 **6.6g** | 식이섬유 **4.2g** | 단백질 **15g**

> 로메인은 볶은 후에도 부드러움과 함께 아삭함이 남아 있어 볶아 먹어도 맛있는 채소예요. 생채소를 먹고 소화가 잘 안 된다면 기름에 볶는 방법으로 조리해 섭취해 보세요. 사골국이나 미역국처럼 기름기가 동동 뜬 고깃국 한 그릇과 먹으면 든든하고 영양 균형도 좋은 한 끼 식사가 됩니다.

 **재료** (1인분)

- 로메인 200g
- 만능 고기볶음(125쪽 참조) 50g
- 라드 1큰술
- 소금 약간
- 참기름 1~2방울

 만들기 (준비와 조리 10분 미만)

1. 로메인은 씻어서 4~5cm 너비로 자른 후 샐러드 스피너에 돌려 물기 없이 준비해둔다.
2. 큰 웍에 라드를 녹이고 소금을 3꼬집 정도 넣어 섞는다.
3. 불을 최대한 세게 키우고 1의 로메인과 만능 고기볶음을 넣은 후 재빠르게 볶는다.
4. 로메인이 기름에 골고루 코팅되고 숨이 어느 정도 죽게 볶아지면 모자라는 간은 소금으로 맞추고 불에서 내린 후 참기름을 떨어뜨려 섞는다.

 로메인 대신 양상추를 사용해도 좋아요.

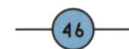

고기볶음달걀말이

1인분 : 칼로리 **357kcal** | 지방 **28.7g** | 탄수화물 **0.8g** | 식이섬유 **0g** | 단백질 **22.6g**

> 만능 고기볶음을 만들어두면 언제든 뚝딱 만들 수 있는 달걀말이예요. 고기가 들어 있어 맛도 좋고 훨씬 든든하죠. 도시락 메뉴로도 좋아요.

 재료 (2인분)

- 달걀 4개
- 만능 고기볶음(125쪽 참조) 8큰술(80g)
- 라드 1~2큰술
- 소금 4꼬집

 만들기 (준비와 조리 15분)

1. 달걀에 소금을 넣어 잘 풀어둔다.
2. 프라이팬에 라드를 약간 녹이고 1의 달걀물 일부를 붓는다. (약중간 불을 유지한다.)
3. 달걀의 밑면이 익고 윗면이 촉촉할 때 달걀 위에 만능 고기볶음 일부를 고루 흩뿌린 후 끄트머리부터 말아준다.
4. 3의 달걀이 말아지면 팬의 가장자리로 밀어놓고 팬의 빈 곳에 달걀물 일부를 부은 후 3의 과정을 반복한다. (이미 말아놓은 달걀말이 쪽에서부터 말기 시작한다.)
5. 남은 달걀물을 모두 부은 후에는 달걀 끄트머리 쪽에는 고기볶음을 뿌리지 않고 말아 가장자리가 깔끔하게 밀착되도록 한다.
6. 달걀말이의 가장자리가 아래로 가게 놓고 약한 불에 조금 더 익힌다.
7. 달걀말이가 식은 후 잘라낸다.

 1. 보다 도톰한 달걀말이를 만들길 원한다면 크기가 작은 프라이팬을 사용하세요. 프라이팬에 달걀물을 조금씩 부어가며 여러 번 말아주어야 도톰해지거든요.
2. 달걀말이가 뜨거울 땐 깔끔하게 잘라지지 않으니 식혀서 자르세요.
3. 달걀물에 고기볶음을 섞어서 만드는 것보다 중간중간에 흩뿌리며 말아주어야 깨끗하게 만들어져요.

가지양파볶음

1인분 : 칼로리 **196kcal** | 지방 **3.8g** | 탄수화물 **14.5g** | 식이섬유 **6.0g** | 단백질 **2.4g**

가지와 양파를 볶은 반찬은 일반식을 할 때에도 좋아하는 반찬이었어요. 가지를 쪄서 무치는 가지나물도 맛있지만 양파와 함께 청양고추를 더해 매콤하게 볶으면 중식 덮밥 느낌도 나서 색달랐거든요. 고기를 구워 함께 먹어도 좋고 달걀프라이를 몇 개 만들어 함께 먹어도 어울려요. 가지가 숨이 죽어 부드럽게 익어야 맛있으니 충분히 볶아주세요.

재료 (2~3인분)

- 가지 2개(300g)
- 양파 작은 것 1개(150g)
- 청양고추 2개
- 대파 1/2대
- 다진 마늘 1작은술
- 올리브 오일 3큰술
- 고춧가루 1큰술
- 리퀴드 아미노스 1½큰술
- 참기름 1작은술
- 통깨 약간
- 소금 약간

만들기 (준비와 조리 10~15분)

1. 가지는 길이로 반 가른 후 0.5cm 두께로 어슷하게 썬다. 양파는 얇게 썰어 준비하고 대파는 잘게 송송 썰어둔다. 청양고추는 잘게 썬다.

2. 웍에 가지, 대파, 다진 마늘, 올리브 오일을 넣고 중간 불에 볶는다.

3. 가지가 어느 정도 숨이 죽으면 양파를 넣고 고춧가루와 리퀴드 아미노스를 넣어 볶는다. 모자라는 간은 소금으로 맞춘다.

4. 가지가 부드럽게 익고 간이 배면 청양고추를 넣고 살짝만 더 볶은 후 불에서 내려 참기름과 통깨를 뿌려 섞는다.

가지를 볶을 때 초반에는 가지의 스펀지 같은 조직이 기름을 모두 흡수하지만 가지가 익으면서 다시 기름이 배어나오니 초반에 기름이 모자라 보여도 추가하지는 마세요.

풋호박새우젓찜

1인분 : 칼로리 **173kcal** | 지방 **14.7g** | 탄수화물 **8.7g** | 식이섬유 **3.1g** | 단백질 **4g**

> 덜 여문 조선호박, 즉 풋호박은 새우젓이랑 참 잘 어울려요. 풋호박을 반달 모양으로 썰어 씨 부분을 도려내고 새우젓을 넣어 볶은 '눈썹 나물'도 좋고, 도톰하게 툭툭 썰어 새우젓이랑 들기름에 찌듯이 푸욱 끓여낸 풋호박새우젓찜도 맛있어요. 자작한 국물은 찌개처럼 떠먹기에도 좋아요. 돼지고기를 넣고 만들면 든든한 식사로 충분한데, 이럴 땐 청양고추를 좀 썰어 넣어도 맛있어요.

 재료 (2인분)

- 풋호박 1개(350~400g)
- 새우젓 1큰술+1작은술
- 생들기름 2큰술
- 고춧가루 2작은술
- 다진 마늘 1작은술
- 통깨 2작은술

 만들기 (준비와 조리 20~30분)

1. 풋호박은 길이로 4등분한 후 1cm 두께로 썰어놓는다.

2. 냄비에 1의 풋호박을 담고 나머지 양념을 모두 넣은 후 뒤적거리며 섞는다. 물 4큰술을 넣고 뚜껑을 덮어 불에 올린다.

3. 김이 나고 끓기 시작하면 약한 불로 줄여 뚜껑을 덮은 채로 20분간 뭉근히 익힌다.(중간에 한 번 위아래를 섞어준다.)

 풋호박 대신 애호박이나 주키니를 사용해 만들어도 좋아요.

자반고등어찜

1인분 : 칼로리 **254kcal** | 지방 **14.2g** | 탄수화물 **0.7g** | 식이섬유 **0.3g** | 단백질 **29.1g**

> 제가 어릴 때 엄마가 만들어 주시던 반찬인데 키토식을 하면서도 가끔 생각이 나서 만들어 먹어요. 특히 고등어를 먹고 싶은데 굽자니 연기와 냄새를 환기시키기가 마땅치 않은 상황일 때 아주 좋아요. 밥도둑 메뉴이긴 하지만 건더기가 풍성한 국 종류와 함께 먹어도 맛있는 한 끼가 됩니다. 자반고등어찜은 밥과 함께 먹지 않더라도 간이 좀 짭짤하게 된 고등어로 만들어야 맛있어요.

 재료 (2인분)

- 자반고등어 300g
- 단맛 없는 증류식 소주 1큰술
- 송송 썬 대파 3큰술
- 다진 마늘 1/2작은술
- 고춧가루 1/2작은술
- 통깨 약간

 만들기 (준비와 조리 15분)

1. 자반고등어는 찬물에 헹궈 키친타월로 물기를 닦아놓는다.

2. 찜기에 김이 오르면 고등어의 살 부분이 위로 가게 얹고 고등어 위에 소주를 뿌리고 다진 마늘을 고루 바른 후 송송 썬 대파, 고춧가루, 통깨를 뿌려 뚜껑을 닫는다.

3. 10분간, 또는 젓가락으로 고등어의 두꺼운 부분을 찔러보아 쑥 들어갈 때까지 찐다.

탕평채

1인분 : 칼로리 **244kcal** | 지방 **11.5g** | 탄수화물 **5.5g** | 식이섬유 **1.2g** | 단백질 **28.9g**

> 탕평채는 특별한 맛은 아니지만 한정식집에서 반찬으로 나오면 꼭 몇 번은 집어 먹게 되지요. 그리고 먹을 때마다 그 고소하고 익숙한 맛에 '맛있다!' 하게 돼요. 묵 종류는 재료의 전분질을 굳힌 거라 키토식에 적합하지가 않기 때문에 곤약을 이용해 만들었어요. 우동 면 모양의 곤약을 이용해 만들었더니 청포묵으로 만든 탕평채와 모양도 맛도 다를 바가 없네요.

 재료 (2인분)

- 우동 면 모양 곤약 1봉(200g)
- 김밥용 김 2장
- 숙주 100g
- 미나리(줄기 부분만) 70g
- 잡채용 소고기 300g
- 리퀴드 아미노스 1/2작은술
- 참기름 1/2작은술
- 소금 약간
- 통깨 1작은술

| 소고기용 양념 |

- 리퀴드 아미노스 1큰술
- 에리스리톨 2작은술
- 단맛 없는 증류식 소주 2작은술
- 참기름 1/2작은술
- 후추 약간

 만들기 (준비와 조리 30분)

1. 김은 가스 불에 바삭하게 구워 비닐봉지에 넣고 잘게 부수어놓는다. 잡채용 소고기는 소고기용 양념으로 버무려둔다.

2. 숙주는 물에 헹궈놓고 미나리 줄기는 씻어 5cm 길이로 잘라놓는다. 곤약은 찬물에 헹군 후 물기를 꼭 짜고 손가락 길이로 잘라놓는다.

3. 2의 숙주와 미나리를 물기가 있는 그대로 내열 용기에 담아 랩을 씌워 전자레인지에 2분간 익힌 후 찬물에 바로 헹궈서 물기를 꼭 짜둔다.

4. 3의 숙주와 미나리에 통깨 1/2작은술, 소금 3~4꼬집을 넣어 조물조물 버무려둔다.

5. 1의 소고기는 팬에 물기 없이 볶아놓는다.

6. 곤약, 소고기, 미나리와 숙주를 볼에 담고 리퀴드 아미노스 1/2작은술, 참기름 1/2작은술, 소금 1/4작은술, 통깨 1/2작은술을 넣고 고루 버무린다. (모자란 간은 소금으로 맞춘다.)

7. 6에 1의 부수어놓은 김을 일부 넣어 버무리고 나머지는 얹어낸다.

 1. 우동 면 모양의 곤약을 사용하면 길이만 자르면 되어서 간편해요. 우동 면 모양의 곤약이 없다면 직사각 형태의 곤약을 사방 0.5cm 정도 두께에 5cm 길이로 잘라 사용하면 됩니다.

2. 포만감은 있지만 칼로리와 지방량이 적은 메뉴이니 기름기가 동동 뜬 사골국이나 미역국을 곁들여 한 끼 식사로 구성해 보세요.

미역줄기잡채

1인분 : 칼로리 **298kcal** | 지방 **20.3g** | 탄수화물 **11.2g** | 식이섬유 **2.1g** | 단백질 **18.6g**

> 잡채는 잔칫집이나 식당에서 늘 인기가 많은 음식이지요. 저탄고지 식단 초반에 만든 실곤약 잡채의 식감이 별로 마음에 들지 않아서 평소 좋아하던 미역 줄기로 잡채를 만들었는데 훨씬 만족감이 컸어요. 불고기 양념한 소고기를 넉넉히 넣고 마지막에 참기름을 더해 마무리해야 미역 줄기 볶음보다 잡채의 느낌이 강해져요. 미역줄기잡채는 따뜻할 때보다 차갑게 먹어야 맛있답니다.

 재료 (4인분)

- 염장 미역 줄기 400g
- 소고기(잡채용) 300g
- 양파 150g
- 당근 60g
- 생표고 4개
- 리퀴드 아미노스 1~2작은술
- 아보카도 오일 4큰술
- 다진 마늘 1작은술
- 통깨 2작은술
- 참기름 1작은술
- 소금 약간

| 소고기용 양념 |

- 리퀴드 아미노스 1큰술
- 에리스리톨 2작은술
- 단맛 없는 증류식 소주 2작은술
- 참기름 1/2작은술
- 마늘 1/2작은술
- 후추 약간

 만들기 (준비 20분, 조리 15분)

1. 염장 미역 줄기는 물을 몇 번 갈아주며 찬물에 10분 정도(또는 미역 줄기를 집어 먹어보아 짜지 않을 때까지) 담가 소금기를 뺀 후 물기를 꼭 짜고 먹기 좋은 길이로 잘라둔다.

2. 양파와 당근은 채 썰고 생표고는 밑동을 떼어내고 얇게 썰어놓는다.

3. 잡채용 소고기는 소고기용 양념으로 버무린 후 아보카도 오일 1/2큰술을 두른 팬에 센 불에서 물기 없이 볶아 덜어낸다.

4. 소고기를 볶아낸 팬에 아보카도 오일 1/2큰술을 두르고 표고를 소금으로 밑간하며 중간 불에 볶아 덜어낸다.

5. 팬에 아보카도 오일 1큰술을 두르고 양파와 당근을 소금 간하며 센 불에 빠르게 볶는다.

6. 당근과 양파가 고루 뜨거워지면 아보카도 오일 2큰술을 더하고 1의 미역 줄기와 다진 마늘을 넣어 중간 불에 함께 볶는다.

7. 리퀴드 아미노스 1~2작은술로 간을 맞추고 볶아둔 소고기와 표고를 넣어 함께 충분히 볶는다.

8. 불에서 내린 후 참기름과 통깨를 뿌려 섞는다.

 1. 염장 미역 줄기의 소금기는 충분히 빼주세요. 만들면서 싱거우면 간을 더할 수 있지만 짜면 방법이 없거든요.

2. 레시피 재료의 염장 미역 줄기의 무게는 소금에 버무려진 상태 기준이에요. 버무려진 소금의 양에 따라 차이가 있겠지만 여기서는 찬물에 담갔다가 물기를 꼭 짜면 350g 정도가 되는 양이에요.

3. 오일을 넉넉히 넣고 볶아야 미역 줄기가 부드럽고 촉촉해져요. 차갑게 먹으면 맛있는 잡채라 식어도 식감이 나빠지지 않는 아보카도 오일을 사용했어요.

CHAPTER 4

쌀밥과 라면은 잊자!
밥 & 면 대용식

3분 곤약쌀밥

밥 대용식

1인분(110g) : 칼로리 **71kcal** | 지방 **0.4g** | 탄수화물 **16.6g** | 식이섬유 **2.1g** | 단백질 **1g**

> 키토식 요리를 만들고 개발하다 보니 진짜 쌀알이 들어간 밥을 곁들이지 않으면 식감에서 그 만족도가 떨어지는 것들이 있어요. 어느 정도 탄수화물량이 필요해서 쌀밥을 먹기는 하지만 양을 조절하기가 힘들다는 분들을 보기도 했고요. 그럴 때 쌀 모양 곤약을 넣어 쌀과 함께 밥을 지어 먹으면 도움이 되는데, 즉석밥을 이용하면 3분 만에 곤약쌀밥을 뚝딱 만들 수 있어요. 저희 부부는 밥을 주식으로 먹지 않게 되었기 때문에 소량의 밥만 필요해 한 번 만든 것을 3인분으로 나눠서 먹어요. 2인분으로 나눠 먹을 경우 순탄수화물량은 21.7g이 됩니다.

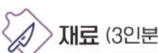 **재료** (3인분)

- 즉석밥 작은 것 1개(130g)
- 쌀 모양 곤약 1봉지(200g)

 만들기 (준비와 조리 3분)

1. 쌀 모양 곤약은 체에 밭쳐 흐르는 찬물에 씻은 후 물기를 뺀다.
2. 1의 곤약을 꼭 짜서 물기를 제거한 후 내열 용기에 담는다.
3. 즉석밥의 내용물을 2의 곤약 옆에 옮겨 담고 내열 용기에 랩을 씌워 전자레인지(최고 출력)에 2분간 돌린다.
4. 랩을 열고 즉석밥과 곤약을 숟가락으로 골고루 잘 섞는다. (처음엔 바닥에 곤약의 수분이 약간 있지만 고루 섞다 보면 겉도는 수분이 없어진다.)
5. 랩을 다시 씌우고 한쪽 끄트머리는 살짝 열어둔 채 전자레인지(최고 출력)에 1분간 돌린다.
6. 고루 잘 섞은 후 덜어 먹는다.

 1. 남은 곤약쌀밥은 냉장 보관했다가 다시 데워 먹으면 됩니다. 냉동 보관은 안 돼요.
2. 4번 과정에서 곤약과 밥을 섞어줄 땐 곤약 냄새가 느껴지지만 완성된 밥에서는 나지 않아요.

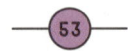

간장들기름달걀프라이

달걀 1개 분량 : 칼로리 **107kcal** | 지방 **8.7g** | 탄수화물 **0.4g** | 식이섬유 **0g** | 단백질 **6.3g**

> 키토식에서는 밥을 대신할 재료로 달걀을 자주 이용하지요. 삶은 달걀을 국 종류와 함께 먹으면 든든하기도 하고 달걀프라이나 스크램블드에그를 만들어 다른 메뉴와 곁들이기도 하고요. 간을 하지 않고 부친 달걀프라이에 진간장(리퀴드 아미노스)과 생들기름을 끼얹어 드셔보세요. 그 자체로도 아주 맛있지만 나물류나 찌개류와 함께 한식 키토식 한 끼를 구성하기에도 좋아요.

 **재료** (4개 분량)

- 달걀 4개
- 라드 1큰술
- 리퀴드 아미노스 1/3작은술
- 생들기름 1/2작은술
- 통깨 약간

 만들기 (준비와 조리 5분)

1. 달군 팬에 라드를 녹인 후 달걀을 깨 넣고 프라이를 만든다.
2. 달걀프라이를 접시에 옮겨 담고 리퀴드 아미노스와 생들기름을 고루 뿌린 후 통깨를 뿌려 낸다.

양배추볶음

밥 대용식

1인분 : 칼로리 **118kcal** | 지방 **9.4g** | 탄수화물 **8.4g** | 식이섬유 **3.4g** | 단백질 **2.2g**

> 양배추를 채 썰어 기름에 볶으면 튀는 향이나 맛이 없어 밥을 대신하기에 좋아요. 3~4인분 분량을 만들어 냉장고에 두고 1인분씩 덜어 따뜻한 고기볶음 등을 얹으면 덮밥 메뉴가 금세 완성됩니다. 제육볶음을 곁들이면 제육덮밥이 되고, 불고기를 만들어 얹으면 불고기덮밥이 되지요. 비빔밥에 밥 대신 양배추볶음을 넣어도 잘 어울려요.

재료 (1인분)

- 양배추 150g
- 아보카도 오일 2작은술
- 소금 약간
- 후추 약간

만들기 (준비와 조리 10분 미만)

1. 양배추는 채 썰어 씻은 후 샐러드 스피너에 돌려 물기를 뺀다.
2. 팬에 아보카도 오일을 두르고 1의 양배추를 넣어 볶는다.
3. 양배추가 부드럽게 익으면 소금과 후추로 간한다.

55 단호박과 가염 버터

1인분 : 칼로리 **265kcal** | 지방 **24.8g** | 탄수화물 **11.1g** | 식이섬유 **2.1g** | 단백질 **1.7g**

> 부드럽게 익힌 달달한 단호박에 짭짤한 가염 버터 조각을 얹어 먹으면 궁극의 단짠 조합이에요. 단호박은 탄수화물량도 좀 있고 단맛이 많은 재료라 식단 초반에는 제한하는 게 좋고(단맛을 빼는 훈련을 위해) 이후에도 섭취량에 신경 써 적게 먹는 것이 좋아요. 김치찌개 같은 매운 국물 요리를 먹을 때 밥 대신으로도 좋고 버터를 바른 바게트 빵 같은 것을 간단한 식사로 즐겼다면 그 대체품으로도 훌륭해요.

 **재료** (2인분)

- 단호박 300g
- 가염 버터 60g

 만들기 (준비와 조리 5분 남짓)

1. 단호박은 겉면을 깨끗이 씻은 후 잘라 스푼으로 씨를 파내고 2cm 너비로 자른다.

2. 1의 단호박을 내열 용기에 담고 랩을 씌운 후 전자레인지 최고 출력에서 4~5분간 익힌다.(젓가락으로 찔러보아 덜 익었으면 1분씩 추가하며 익힌다.)

3. 가염 버터를 곁들여 먹는다.

 차가와도 맛있고 도시락 싸기도 좋아서 여러 번 먹을 양의 단호박을 한꺼번에 익혀서 밀폐 용기에 담아 냉장 보관하면 편리해요.

56. 콜리플라워달걀볶음밥

1인분 : 칼로리 **378kcal** | 지방 **29.4g** | 탄수화물 **13.1g** | 식이섬유 **5.6g** | 단백질 **17g**

> 고소하면서도 자극적이지 않아 밥을 대신하기에 좋은 메뉴예요. 콜리플라워만 볶거나 익히면 특유의 향 때문에 거슬릴 수 있지만 파기름을 내어 달걀볶음밥을 만들면 훨씬 맛있게 먹을 수 있어요. 짭짤한 조림 반찬을 곁들여 먹어도 맛있고 볶은 고기나 채소를 얹어 덮밥으로 먹기에도 좋아요. 저는 라드를 사용해 만들었지만 식은 후 먹거나 도시락으로 쌀 거라면 아보카도 오일을 사용하세요.

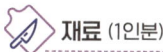 **재료** (1인분)

- 콜리플라워 200g
- 달걀 2개
- 대파 1/4대
- 라드 1½큰술
- 리퀴드 아미노스 1/2작은술
- 소금 1/8작은술
- 통깨 약간

 만들기 (준비와 조리 15분)

1. 콜리플라워는 차퍼나 치즈 그레이터의 큰 구멍을 이용해 쌀알 크기로 잘라놓는다. 대파는 잘게 잘라놓는다.
2. 웍에 라드 1큰술을 녹이고 1의 대파를 넣어 대파가 드문드문 노릇해지기 시작할 때까지 볶는다.
3. 2에 1의 콜리플라워와 소금을 넣고 센 불에 볶는다.
4. 콜리플라워가 익으면 한쪽으로 몰아놓고 중간 불로 낮춘 후 빈 곳에 라드 1/2큰술을 녹인다.
5. 라드가 녹으면 달걀을 깨 넣은 후 흰자가 80% 정도 익으면 휘저으며 달걀을 볶는다.
6. 한쪽으로 몰아놓았던 콜리플라워와 5의 달걀을 섞으며 볶는다.
7. 볶음밥을 팬 한쪽으로 몰고 빈 곳에 리퀴드 아미노스를 넣어 바글바글 캐러멜라이즈 시킨 후 볶음밥과 고루 섞는다.
8. 통깨를 뿌려 낸다.

 달걀을 콜리플라워에 바로 넣어 함께 볶으면 곤죽이 되어버리니 꼭 팬 한쪽에서 따로 익힌 후 섞어 볶아주세요.

대패삼겹살쌈장볶음밥

1인분 : 칼로리 **810kcal** | 지방 **61.4g** | 탄수화물 **24.1g** | 식이섬유 **9.3g** | 단백질 **43.1g**

> 삼겹살에 쌈장과 고추를 더한 조합은 한국인이라면 모두가 아는 맛이지요. 이 조합을 이용해 볶음밥을 만들어봤어요. 예전 같으면 삼겹살 기름에 볶은 밥을 보기만 해도 살찔 것 같다며 죄책감을 느끼면서 먹었을 테지만 쌀밥 대신 콜리플라워 라이스를 이용해 만들면 훌륭한 키토식이 됩니다.

 재료 (2인분)

- 대패삼겹살 400g
- 콜리플라워 400g
- 대파 1대
- 청양고추 1~2개
- 부추 30g
- 소금 약간
- 후추 약간

| 쌈장

- 집된장 2큰술
- 진주표 키토 고추장(266쪽 참조) 1큰술
- 고춧가루 1/2작은술
- 다진 마늘 1작은술
- 통깨 1/2작은술
- 참기름 1/2작은술

 만들기 (준비 10분, 조리 10분)

1. 콜리플라워는 차퍼나 치즈 그레이터의 큰 구멍을 이용해 쌀알 크기로 잘라놓는다.
2. 대패삼겹살은 1cm 너비로 잘라둔다. 대파와 청양고추는 잘게 썰어둔다.
3. 쌈장 재료를 모두 섞어둔다.
4. 웍에 2의 삼겹살을 넣고 볶다가 삼겹살의 색이 노르스름해지기 시작하고 기름이 녹아나오면 소금과 후추로 밑간을 하고 대파를 넣어 함께 볶는다.
5. 대파가 익으면 콜리플라워, 쌈장, 청양고추를 넣어 센 불에 볶는다.
6. 부추를 넣고 섞은 후 불에서 내린다.

 TIP 콜리플라워 대신 쌀 모양 곤약을 이용해도 좋아요. 하지만 대패삼겹살이 아닌 도톰한 두께의 삼겹살일 경우 삼겹살도 곤약도 겉도는 느낌이라 콜리플라워 라이스가 훨씬 잘 어울려요. 도톰한 삼겹살을 사용할 땐 삼겹살을 좀 더 잘게 잘라주세요.

치즈깍두기밥

1인분 : 칼로리 **702kcal** | 지방 **49.1g** | 탄수화물 **16.1g** | 식이섬유 **9g** | 단백질 **50.2g**

> 유명한 한우 고기구이집의 깍두기밥이 생각나 만들었어요. 기름 잘 먹은 무쇠 팬에 마블링 좋은 한우를 구워 먹은 후 소고기에서 녹아나온 기름에 밥과 잘게 썬 깍두기를 볶은 것인데 한번 맛보면 계속 생각날 맛이지요. 우삼겹살의 기름과 잘 익은 알타리 김치를 이용해 쌀 모양 곤약으로 깍두기밥을 만들고 치즈까지 얹어 녹여냈더니 그 식당의 깍두기밥이 부럽지 않아요. 미나리의 향이 아주 잘 어울리니 미나리는 빠트리지 말고 꼭 넣어주세요.

 **재료** (1인분)

- 우삼겹살 170g
- 쌀 모양 곤약 200g
- 익은 **알타리 김치** 100g
  (무와 줄기 섞어서)
- 알타리 김치 국물 3큰술
- 미나리 50g
- 고춧가루 약간
- 생들기름 1큰술
- 슈레드 모차렐라 치즈 60g
- 소금 약간
- 통깨 약간

 만들기 (준비와 조리 15분)

1. 우삼겹살, 알타리 김치, 미나리는 모두 잘게 잘라놓는다.
2. 쌀 모양 곤약은 찬물에 헹군 후 체에 밭쳐 물기를 최대한 빼놓는다.
3. 팬에 우삼겹살을 볶다가 우삼겹살이 노릇해지기 시작하고 기름이 녹아나오면 알타리 김치를 넣고 함께 볶는다.
4. 알타리 김치가 익으면 곤약과 미나리, 고춧가루, 알타리 김치 국물을 넣고 센 불에 수분을 날리며 볶는다.
5. 모자라는 간은 소금으로 맞추고 생들기름을 넣어 섞은 후 모차렐라 치즈를 고루 뿌린 후 뚜껑을 덮고 약한 불에 치즈가 녹도록 잠시 둔다.
6. 통깨를 뿌려 낸다.

 1. 볶음밥이 질척하면 맛이 없으니 김치 국물과 곤약을 넣은 후에는 꼭 센 불에서 볶아 수분을 날려주세요.

2. 김치는 유산균이 당을 먹이로 소비하기 때문에 익을수록 탄수화물량이 줄어들어요. 충분히 익은 김치를 사용하세요.

장조림비빔밥

1인분 : 칼로리 481kcal | 지방 34.8g | 탄수화물 14.6g | 식이섬유 6g | 단백질 28.8g

> 일반식이라면 고탄수화물에 단백질만 더해진 영양 불균형 메뉴가 되겠지만 콜리플라워달걀볶음밥에 장조림을 얹어 키토식 장조림비빔밥을 만들면 채소, 단백질, 지방을 고루 섭취할 수 있어요. 맛있고 포만감도 있는 메뉴이지만 한 끼 식사로 먹기에는 칼로리가 다소 낮으니 기름기가 동동 뜬 사골국을 곁들여보세요.

재료 (1인분)

- 콜리플라워달걀볶음밥(148쪽 참조) 1인분
- 소고기장조림(112쪽 참조) 60g
- 장조림 국물 1/2큰술~1큰술
- 참기름 1/2작은술
- 통깨 약간

만들기 (준비와 조리 15분)

1. 콜리플라워달걀볶음밥을 만들어 그릇에 담고 소고기장조림을 얹는다.
2. 장조림 국물을 끼얹고 참기름을 뿌린 후 통깨를 뿌려 낸다.

소고기고추장볶음 아보카도 비빔볼

1인분 : 칼로리 **511kcal** | 지방 **42.3g** | 탄수화물 **15.2g** | 식이섬유 **10.2g** | 단백질 **21.8g**

❝ 아보카도 비빔볼은 금세 준비해 먹을 수 있기도 하고 도시락을 싸기에도 좋아서 자주 만드는 메뉴예요. 밋밋하지 않고 맛있는 아보카도 비빔볼을 만들기 위해서 김치볶음을 만들어두곤 했는데, 소고기고추장볶음만 있으면 김치볶음이 없어도 맛있는 아보카도 비빔볼을 즐길 수 있어요. ❞

 재료 (1인분)

- 아보카도 작은 것 1개
- 달걀 2개
- 어린잎 채소 20g
- 소고기고추장볶음(122쪽 참조) 2큰술
- 참기름 1/2작은술
- 라드 1/2큰술
- 통깨 약간

 만들기 (준비와 조리 10분)

1. 팬에 라드를 녹이고 달걀프라이를 만든다.
2. 아보카도 과육을 깍둑썰기해 볼에 담고 어린잎 채소, 달걀프라이, 소고기고추장볶음, 참기름을 넣은 후 통깨를 뿌려 낸다.

 1. 낫토를 좋아한다면 낫토를 추가해 함께 비벼 먹어도 좋아요.
2. 아보카도의 사이즈가 크다면 소고기 고추장 볶음의 양도 약간 늘리세요.

구운 명란덮밥

1인분 : 칼로리 **540kcal** | 지방 **42.2g** | 탄수화물 **14.4g** | 식이섬유 **5.6g** | 단백질 **28.8g**

> 명란젓을 덩어리째 구우면 명란젓과는 또 다른 맛의 짭짤하고도 맛있는 밥반찬이 됩니다. 구운 명란젓을 콜리플라워달걀볶음밥에 얹어 덮밥으로 만드니 아주 고소하고 맛있었어요. 사골국이나 미역국을 곁들여 보다 풍성한 식사를 구성해 보세요.

 재료 (1인분)

- 콜리플라워달걀볶음밥(148쪽 참조) 1인분
- 명란젓 70~100g
- 라드 1/2큰술
- 참기름 1/2작은술
- 통깨 약간
- 잘게 썬 **대파**(또는 김, 선택) 약간

 만들기 (준비와 조리 20분)

1. 달군 팬에 라드를 녹이고 명란젓을 올려 앞뒤로 뒤집어주며 겉면이 노릇해지도록 굽는다.
2. 구운 명란젓은 가위를 이용해 적당한 크기로 자른다.
3. 콜리플라워달걀볶음밥을 만들어 그릇에 담고 2의 구운 명란을 얹은 후 참기름과 통깨를 뿌린다.
4. 잘게 썬 파나 김을 올린다(선택).

> **TIP**
> 1. 명란젓의 양은 사용하는 명란젓의 염도에 따라 조절해 주세요. 저는 저염 백명란젓을 사용했어요.
> 2. 명란젓을 구울 때 속까지 완전히 익히려고 신경 쓰지 않아도 괜찮아요. 속이 익지 않고 겉면만 익은 명란구이도 맛있답니다.

치킨마요덮밥

1인분 : 칼로리 **944kcal** | 지방 **68.7g** | 탄수화물 **13.3g** | 식이섬유 **5.6g** | 단백질 **68.5g**

> '대체 무슨 맛이 있을까' 싶어 먹어볼 생각도 안 해 본 게 치킨마요덮밥이었어요. 우연히 대형 마트 시식 행사에서 간편 조리 제품으로 나온 치킨마요덮밥을 한입 먹어봤는데 고소하고 괜찮더라고요. 콜리플라워달걀볶음밥에 짭짤하고 달짝지근하게 조린 닭고기를 얹어 만들었더니 아이들이 특히 좋아할 맛의 치킨마요덮밥이 완성되었어요. 남편도 아주 좋아하네요.

재료 (1인분)

- 콜리플라워달걀볶음밥(148쪽 참조) 1인분
- 닭 허벅지살 200g
- 라드 1작은술
- 마요네즈 1~2작은술
- 송송 썬 쪽파 약간
- 김 약간(가늘게 자르거나 잘게 부수어서)

| 닭고기 조림용 양념 |

- 리퀴드 아미노스 2작은술
- 단맛 없는 증류식 소주 1큰술
- 에리스리톨 1작은술
- 생강가루 1/8작은술

만들기 (준비와 조리 30분)

1. 콜리플라워달걀볶음밥을 만들어 볼에 담아둔다.
2. 닭고기 조림용 양념을 잘 섞어둔다.
3. 팬에 라드를 녹이고 센 불에서 닭 허벅지살을 껍질 쪽부터 굽는다. (양면을 각각 3분씩 굽는다.)
4. 중간 불로 줄인 후 2의 조림용 양념을 3의 팬에 붓고 고기를 뒤집어가며 조림 양념이 없어질 때까지 조린다.
5. 닭고기가 윤기 나게 조려지면 꺼내서 약 1.5cm 크기로 자른 후 1의 콜리플라워달걀볶음밥 위에 고루 얹는다.
6. 마요네즈를 작은 사이즈 지퍼백에 넣고 모서리 끝을 조금 잘라 마요네즈를 닭고기 위에 뿌린 후 쪽파와 김을 뿌려 먹는다.

> **TIP** 양질의 재료로 직접 만든 마요네즈를 사용하면 좋지만 치킨마요덮밥처럼 적은 양의 마요네즈가 어쩌다가 한 번 필요할 땐 저도 시판 마요네즈 중 성분표를 확인해서 그나마 질이 좋은 오일이나 달걀로 만든 제품을 골라 써요.

기내식 비빔밥

1인분 : 칼로리 **534kcal** | 지방 **44.6g** | 탄수화물 **18.8g** | 식이섬유 **7.6g** | 단백질 **18.9g**

> 키토식을 시작한 이후 기내식 선택에 비빔밥이 있으면 늘 비빔밥을 먹어요. 밥과 고추장을 넣지 않고 나물에 참기름만 넣어 비벼 먹지만 참기름 향이 진동하는 비빔밥은 좁은 좌석의 불편함도 잊게 할 만큼 맛있게 느껴지거든요. 항공사와 상관없이 기내식 비빔밥에는 몇 가지 공통된 특징이 있는데 참기름과 고추장은 필수, 흔히 구할 수 있는 기본 나물 몇 가지에 다진 고기볶음이 꼭 들어가더라고요. 나물과 만능 고기볶음을 만들어둔 게 있다면 맛있는 비빔밥은 거저먹는 맛있는 한 끼네요.

재료 (1인분)

- 양배추볶음(145쪽 참조) 1인분
- 하얀 콩나물무침(82쪽 참조) 40g
- 시금치나물(86쪽 참조) 40g
- 당근 30g
- 생표고 30g
- 만능 고기볶음(125쪽 참조) 20g
- 진주표 키토 고추장(266쪽 참조) 1/2큰술
- 참기름 1/2작은술
- 달걀 1개
- 아보카도 오일 1½~2큰술
- 소금 약간

만들기 (준비와 조리 10분 미만)

1. 당근은 채 썰고 생표고는 얇게 썰어놓는다.
2. 팬에 아보카도 오일을 2작은술 정도 두르고 1의 표고와 소금 한 꼬집을 넣어 중간 불에 촉촉하게 볶아 덜어낸다.
3. 팬에 아보카도 오일을 약간 더하고 1의 당근을 넣어 살짝 볶아 덜어낸다.
4. 팬에 아보카도 오일을 약간 더하고 달걀을 깨 넣어 반숙으로 프라이한다.
5. 볼에 양배추볶음, 하얀 콩나물무침, 시금치나물, 당근볶음, 표고볶음을 담고 달걀프라이와 만능 고기볶음을 올린 후 진주표 키토 고추장과 참기름을 얹는다.

 비빔밥에 들어갈 나물은 어떤 것이라도 좋아요.

피조개비빔밥

1인분 : 칼로리 **362kcal** | 지방 **15.4g** | 탄수화물 **33.9g** | 식이섬유 **5.2g** | 단백질 **22.5g**

> 익힌 피조개 살이 소금물에 담겨 있는 통조림을 우연히 발견했는데 마침 꼬막 비빔밥이 한창 인기일 때였어요. 줄을 서서 먹는다는 꼬막 비빔밥의 맛이 궁금해서 피조개 통조림을 이용해 피조개비빔밥을 만들었어요. 꼬막 비빔밥을 먹어보지 않아 비교를 할 수는 없지만 키토식 피조개비빔밥도 참 맛있네요. 통조림 제품이 없다면 익힌 피조개나 꼬막 살을 이용해 만들어도 됩니다.

 재료 (2인분)

- 익힌 피조개 살 250g(통조림 제품 사용)
- 양파 30g
- 부추 20g
- 청양고추 1개
- 홍고추 1/2개
- 통깨 약간

| **3분 곤약쌀밥**(142쪽 참조) |

- 작은 공기 즉석밥 1개(130g)
- 쌀 모양 곤약 1봉지(200g)

| **양념** |

- 리퀴드 아미노스 1큰술
- 고춧가루 1큰술
- 생들기름 1큰술 + 1큰술
- 에리스리톨 1작은술
- 통깨 1작은술
- 다진 마늘 1/2작은술

만들기 (준비와 조리 15분)

1. 3분 곤약쌀밥을 만든다.
2. 양파는 채 썰고, 부추는 4~5cm 길이로, 청양고추와 홍고추는 어슷하게 썰어놓는다.
3. 피조개 살, 양파, 부추, 고추를 볼에 담고 양념을 모두(생들기름은 1큰술만) 넣어 살살 버무린다.
4. 3에서 피조개 살과 채소를 덜어내고 양념과 채소를 약간 남겨 3분 곤약쌀밥과 생들기름 1큰술을 넣어 비빈다.
5. 양념에 비빈 밥을 그릇에 담고 따로 덜어낸 피조개 살과 채소를 밥 위에 올린다.
6. 통깨를 뿌려 낸다.

 TIP 꼬막을 직접 삶아 꼬막 비빔밥을 만들 경우 꼬막 1kg을 삶으면 250g 정도의 꼬막 살이 나와요.

정어리통조림쌈밥

1인분 : 칼로리 **509kcal** | 지방 **41.2g** | 탄수화물 **10.5g** | 식이섬유 **4g** | 단백질 **29.1g**

❝ 올케가 통조림 정어리를 그냥 먹는 것보다 구워 먹으면 훨씬 더 맛있다고 하기에 올리브 오일에 구워보니 따끈하고 파삭하니 맛있더라고요. 통조림을 먹는다는 느낌보다는 생선구이를 먹는 것 같았어요. 정어리 통조림은 양이 적기 때문에 쌈 채소에 부추까지 넣어 쌈으로 먹어야 좀 먹었다는 느낌이 들어요. 견과류 쌈장을 넉넉히 넣어 싸 먹으면 잘 어울려요. 불 앞에서 오래 서 있기 싫은 여름날, 간단한 점심 메뉴로 추천합니다. ❞

 **재료** (1인분)

- 정어리 통조림 1개(125g)
- 부추 50g
- 견과류 쌈장(269쪽 참조) 30g
- 올리브 오일 1큰술
- 상추 20장(작은 것)
- 깻잎 10장

 만들기 (준비와 조리 10분)

1. 부추는 씻은 후 4~5cm 길이로 잘라 샐러드 스피너에 돌려 물기를 제거한다.

2. 통조림에서 정어리만 건져내 팬에 올리브 오일을 두르고 노릇하게 굽는다.

3. 상추와 깻잎에 구운 정어리, 부추, 견과류 쌈장을 넣어 쌈을 싸 먹는다.

 엑스트라 버진 올리브 오일에 정어리가 들어 있는 통조림 제품을 선택하세요.

삼겹살콩나물밥과 달래간장

1인분 : 칼로리 **520kcal** | 지방 **38.8g** | 탄수화물 **20.5g** | 식이섬유 **3.7g** | 단백질 **22.7g**

> 콩나물밥을 만들 때 돼지고기를 잘게 썰어 넣으면 참 맛있어요. 일반식을 할 땐 밥솥에 쌀을 넣고 보통 때보다 물을 살짝 적게 잡은 후 그 위에 콩나물과 잘게 썬 돼지고기를 얹어 밥을 지었어요. 여기에 들기름을 넉넉히 넣은 달래간장을 얹어 비벼 먹으면 '콩나물밥은 별로 안 좋아한다'는 사람들도 아주 맛있다며 그릇을 비웠지요. 3분 곤약쌀밥을 먹게 된 이후로 지방이 많은 삼겹살을 콩나물과 따로 익혀 밥과 섞는 방식으로 만들어보니 예전에 맛있게 먹었던 그 콩나물밥 맛에 뒤지지가 않아요. 꼭 달래간장을 만들어 콩나물밥을 드셔보세요.

 재료 (3인분)

- 콩나물 200g
- 삼겹살 300g
- 달래 60g
- 리퀴드 아미노스 1큰술+1작은술
- 고춧가루 1작은술
- 생들기름 2큰술
- 통깨 2작은술

| 3분 곤약쌀밥(142쪽 참조) |

- 작은 공기 즉석밥 1개(130g)
- 쌀 모양 곤약 1봉지(200g)

만들기 (준비와 조리 30분)

1. 삼겹살은 너비 1cm 미만으로 잘게 잘라놓는다.
2. 달군 냄비에 1의 삼겹살을 넣고 센 불에서 볶아 고기의 붉은색이 없어지면 콩나물을 넣고 뚜껑을 닫은 후 약한 불로 줄여 10분간 익힌다.
3. 달래를 3cm 길이로 자른 뒤 리퀴드 아미노스, 고춧가루, 생들기름, 통깨를 넣고 살살 버무려둔다.
4. 3분 곤약쌀밥을 만든다.
5. 곤약쌀밥이 뜨거울 때 2의 익힌 삼겹살+콩나물을 넣고 고루 섞는다.
6. 5에 3의 달래간장을 얹어 비벼 먹는다.

 TIP
1. 보통의 달래간장은 달래를 잘게 잘라 넣은 양념간장을 말하지만, 저는 달래를 듬뿍 넣어 달래무침처럼 만들어요.
2. 볶은 삼겹살에 콩나물을 넣고 약한 불에서 10분간 익힐 때 냄비 뚜껑에 증기 구멍이 있다면 키친타월을 여러 번 접어 물에 적신 후 증기 구멍 위에 올려 김이 새어나가지 않게 해주세요.

단단일 김치볶음밥

1인분 : 칼로리 **359kcal** | 지방 **18.6g** | 탄수화물 **44.5g** | 식이섬유 **5.7g** | 단백질 **5.3g**

> 단백질 재료를 넣지 않고 만들어 단백질 단식일에 먹으면 좋은 김치볶음밥이에요. 즉석밥에 쌀 모양 곤약을 섞어 탄수화물량을 어느 정도 조절했어요. 조리용 오일로는 라드를 사용하고 생들기름을 넣어 맛을 냈는데, 버터 향을 좋아한다면 라드 대신 버터를 사용해 재료를 볶고 마지막 생들기름은 생략해도 좋아요.

 재료 (2인분)

- **즉석밥** 200g
- **쌀 모양 곤약** 200g
- **잘 익은 배추김치** 200g
- **양파** 100g
- **라드** 2큰술
- **생들기름** 2작은술
- **통깨** 1큰술
- **소금** 약간

 만들기 (준비와 조리 15분 미만)

1. 배추김치와 양파는 잘게 썰어둔다. 쌀 모양 곤약은 흐르는 물에 씻은 후 체에 밭쳐 물기를 빼놓는다.
2. 웍을 달군 후 라드 1큰술을 넣고 양파를 볶는다.
3. 양파가 반투명하게 익으면 라드 1큰술을 더하고 김치를 넣어 충분히 볶는다.
4. 3에 즉석밥과 곤약을 넣은 후 달달 볶는다.
5. 재료가 고루 섞이고 밥알이 윤기 나게 볶아지면 소금으로 간하고 불에서 내린 후 생들기름과 통깨를 넣어 섞는다.

 단단일에 섭취하는 총 탄수화물의 양은 개인에 따라 다를 수 있지만 100g 정도를 넘지 않는 게 좋아요. 평소 섭취량에서 단백질을 뺀 만큼을 탄수화물로 채운다고 생각하면 되겠습니다.

간짜장덮밥

1인분 : 칼로리 **674kcal** | 지방 **43.6g** | 탄수화물 **35.2g** | 식이섬유 **5.8g** | 단백질 **35.7g**

> 한식인 듯 한식 아닌 한식 같은 짜장은 가장 사랑받는 국민 메뉴죠. 키토식에서도 먹을 수 있는 짜장을 만들면 아이들도 참 좋아하겠다는 생각을 했지만 춘장의 원재료를 확인하고는 포기하기 일쑤였지요. 최근에 당분은 좀 들어있지만 적어도 캐러멜 색소와 밀가루는 들어있지 않은 우리나라 쌀로 만든 춘장을 발견하고는 간짜장을 만들어봤어요. 3분 곤약쌀밥 위에 얹고 달걀프라이와 함께 비벼먹으면 엄지가 저절로 척 올라 갈 거예요. 단, 탄수화물 양을 고려해야 하는 메뉴이니 가끔씩! 아시죠?

재료 (넉넉한 2인분)

- 비계가 있는 **돼지 앞다리살** 300g
- 양배추 150g · 양파 100g
- 주키니 100g · 대파 1/2대
- 라드 3큰술
- 달걀 2개
- 단맛 없는 **증류식 소주** 1큰술
- 우리쌀 춘장 40g
- 리퀴드 아미노스 1작은술
- 에리스리톨 1/2작은술
- 생강가루 1/4작은술
- 소금 약간
- 3분 곤약쌀밥(142쪽 참조) 2인분

TIP

1. 캐러멜 색소가 들어있지 않은 춘장으로 만들기 때문에 일반 중식당의 간짜장보다 색이 옅어요. 색깔만 보고 춘장을 더 넣으면 짜지니 춘장의 양을 늘리지 마세요.

2. 일반적으로 짜장소스를 만들 때 춘장을 따로 기름에 볶는 과정을 거치는데 여기서는 춘장 양이 적어서 이 과정을 생략했어요. 대신 7번 과정에서 춘장을 익힌다는 느낌으로 충분히 볶아주세요.

3. 최대한 큰 웍을 사용하고 채소를 볶을 때에도 가장 센 불에서 볶아주세요. 맛있는 간짜장을 만들려면 모든 재료들이 적당히 캐러멜라이즈 되는 게 중요해요.

만들기 (준비와 조리 30분)

1. 돼지 앞다리살은 1.5~2cm 크기로 깍둑썰기 하여 생강가루 1/4작은술과 소금 1/4작은술을 넣어 조물조물 버무려둔다.

2. 양배추와 양파는 2~3cm 크기로 자르고 주키니는 2cm 정도 크기에 0.5cm 두께로 잘라놓는다. 대파는 잘게 썰어둔다.

3. 웍에 라드 2큰술을 녹이고 소금 간한 달걀프라이를 만들어 따로 둔다.

4. 달걀프라이를 만들고 난 기름에 1의 돼지고기를 넣고 센 불에 고기를 노릇하게 튀긴다는 기분으로 볶는다.

5. 고기의 겉면이 드문드문 노릇해지면 (완전히 익지는 않은 상태) 2의 대파를 넣고 중불로 낮춰 기름에 파 향이 배도록 볶는다.

6. 대파가 살짝 노릇하게 익기 시작하면 2의 양배추, 양파, 주키니를 넣고 불을 최대한 세게 키워 볶는다. 재료가 고루 뜨거워지면 재료를 한쪽으로 몰고 빈 곳에 리퀴드 아미노스를 넣고 바글바글 끓여 캐러멜라이즈 시킨 후 재료와 고루 섞는다.

7. 6에 라드 1큰술을 더하고 춘장과 소주, 에리스리톨을 넣은 후 고루 섞으며 3분간 달달 볶아 간짜장을 완성한다.

8. 곤약쌀밥을 만들어 접시 두 개에 각 1인분(110g)씩 담고 완성된 간짜장을 얹은 후 3의 달걀프라이를 하나씩 얹어서 낸다.

손말이 불고기김밥

1인분 : 칼로리 **598kcal** | 지방 **43.8g** | 탄수화물 **22.6g** | 식이섬유 **10.7g** | 단백질 **33.1g**

> 몇 년 전 한창 인기를 끌었던 TV 프로그램 〈윤식당〉의 불고기비빔밥을 해 먹은 후 남은 재료에 몇 가지를 더해 손말이 김밥을 만들었어요. 남은 비빔밥 재료를 사용하느라 여러 가지 채소볶음이 들어갔지만 불고기, 달걀지단, 씻은 묵은지, 아보카도, 오이만 속 재료로 준비하면 손쉽게 손말이 불고기김밥을 만들 수 있어요.

재료 (2인분)

- 아보카도 1개
- 소고기(불고기용) 200g
- 달걀 2개
- 소금 약간
- 오이 1/2개
- 묵은지 100g
- 김밥용 김 3장
- 라드 1/2큰술

| 불고기 양념 |

- 리퀴드 아미노스 2작은술
- 에리스리톨 1작은술
- 단맛 없는 증류식 소주 1작은술
- 곱게 다진 파 약간
- 참기름 약간
- 후추 약간

| 선택 재료 |

- 시금치나물(86쪽 참조) 50g
- 당근 50g
- 애느타리버섯 100g
- 양파 1/4개
- 라드 1큰술

만들기 (준비와 조리 30분)

1. 소고기는 불고기 양념에 조물조물 버무린 후 물기 없이 볶아놓는다.

2. 달걀은 잘 풀어 소금으로 간한 후 라드 1/2큰술을 녹인 팬에 도톰하게 부쳐서 식으면 너비 2cm, 길이 5cm 크기로 잘라놓는다.

3. 오이는 5cm 길이로 잘라 두께에 따라 6~8등분하고 묵은지는 잘 씻어서 5cm 길이로 잘라놓는다. 아보카도는 반 갈라 씨와 껍질을 제거한 후 적당한 두께로 잘라놓는다.

4. 김밥용 김은 4등분해 놓는다.

5. 선택 재료 중 당근과 양파는 채 썰고 애느타리버섯은 가늘게 찢은 후 라드를 약간씩 두른 팬에 각각 소금 간을 하며 볶아놓는다.

6. 준비한 재료를 모두 그릇에 돌려 담고 김에 싸서 먹는다.

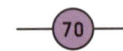

삼겹살김밥

1줄 : 칼로리 **686kcal** | 지방 **57g** | 탄수화물 **7.4g** | 식이섬유 **1.6g** | 단백질 **36.1g**

> 키토식 초반에 가끔 남편 도시락으로도 싸주곤 했던 메뉴예요. 삼겹살과 상추, 깻잎, 풋고추, 쌈장의 조합은 한국인이라면 익히 아는 맛인데 여기에 몇 가지를 더해 김으로 말면 김밥을 먹는 기분도 나고 맛도 색다르거든요. 예전에는 풋고추를 넣고 그 옆에 된장을 약간 발라 넣었는데 지금은 진주표 키토 고추장을 이용해 쌈장을 만들어서 넣어요. 풋고추의 씨 부분을 제거하고 쌈장을 채우면 좀 더 깔끔하게 김밥을 만들 수 있어요.

 재료 (1줄)

- 삼겹살 150g
- 달걀 1개
- 풋고추 1개
- 견과류 쌈장(269쪽 참조) 15g
- 깻잎 3장
- 상추 4장
- 물에 헹궈서 꼭 짠 묵은지 30g(배춧잎 1장 분량)
- 김밥용 김 1장
- 아보카도 오일 1작은술
- 소금 약간

만들기 (준비와 조리 20분)

1. 달걀은 소금을 약간 넣고 잘 푼 후 팬에 아보카도 오일을 두르고 지단을 부친다. (달걀 위에 김밥 소를 올릴 것을 감안해 직사각형으로 모양을 잡으며 부치면 좋다.)
2. 삼겹살은 살짝 노릇해질 정도로 구워놓는다.
3. 풋고추는 길게 반을 갈라 씨 부분을 제거하고 견과류 쌈장을 채워 넣는다.
4. 김을 세로 방향으로 놓고 상추와 깻잎을 김의 한쪽 끝에 놓은 후 1의 지단을 올리고 그 위에 삼겹살, 묵은지, 쌈장을 채운 풋고추를 올려 단단히 말아준다.
5. 김의 이음새 부분이 밑으로 가게 잠시 둔 후 자른다.

 TIP 김밥 소로 넣을 상추와 깻잎은 씻은 후 키친타월로 닦아 물기를 완전히 제거해 주세요.

잣국수

1인분 : 칼로리 440kcal | 지방 41.2g | 탄수화물 15.7g | 식이섬유 3g | 단백질 8.2g

> 콩국수를 좋아한다면 잣국수를 만들어보세요. 키토식에서는 발효되지 않은 콩을 가능한 한 먹지 않기 때문에 콩국 대신 잣과 생크림을 이용해 고소한 잣국물을 만들었어요. 저는 콩국수를 별로 좋아하지 않는데 잣국수는 제가 만들었지만 정말 고소하고 맛있네요.

재료 (1인분)

- 미역 국수(또는 곤약 국수) 1봉지
- 오이 1/4개
- 방울토마토 2개
- 잣 3큰술(약 30g)
- 통깨 1큰술
- 생크림 3큰술
- 생수 100ml
- 소금 1/4~1/3작은술
- 통깨·검은깨 약간씩

만들기 (준비와 조리 10분)

1. 미역 국수(또는 곤약 국수)는 찬물에 헹군 후 물기를 꼭 짜놓는다.
2. 오이는 채 썰어두고 방울토마토는 반으로 잘라놓는다.
3. 믹서에 잣, 통깨, 생크림, 생수를 넣고 곱게 간 후 소금으로 간을 맞춘다.
4. 볼에 1의 미역 국수(또는 곤약 국수)를 담고 3의 잣국물을 부은 후 2의 오이와 방울토마토를 올린다. 통깨와 검은깨를 뿌려 낸다.

 미역 국수를 말아 먹을 것이라 잣국물의 간은 약간 짭짤한 듯 맞춰야 맛있어요.

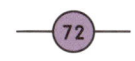

안동국시

1인분 : 칼로리 **335kcal** | 지방 **24.4g** | 탄수화물 **8.3g** | 식이섬유 **0.7g** | 단백질 **15.4g**

> 뽀얀 사골 국물에 주키니 국수와 곤약 국수를 말고 볶은 고기를 고명으로 얹어 뜨끈하게 먹는 키토식 안동국시는 자극적이지 않고 포만감도 있어요. 기름기를 걷어내지 않고 집에서 만든 사골 국물을 이용하면 지방량을 더 풍족하게 먹을 수 있어요. 사골국과 만능 고기볶음을 만들어둔 게 있다면 라면만큼이나 쉽게 끓여낼 수 있죠.

재료 (1인분)

- 사골 국물 400ml
- 곤약 국수 200g
- 주키니 50g
- 만능 고기볶음(125쪽 참조) 40g
- 국간장 1/2작은술
- 다진 마늘 1/4작은술
- 송송 썬 대파 약간
- 고춧가루 약간
- 소금 약간

만들기 (준비와 조리 15분)

1. 주키니는 스파이럴라이저(spiralizer)를 이용해 국수 모양으로 자르거나 채 썰어 준비한다.
2. 곤약 국수는 찬물에 헹군 후 물기를 꼭 짜둔다.
3. 냄비에 사골국과 2의 곤약 국수를 담아 끓인다.
4. 국물이 끓으면 1의 주키니, 국간장, 다진 마늘을 넣어 주키니가 익도록 살짝 끓인다. 모자라는 간은 소금으로 맞춘다.
5. 송송 썬 대파를 넣고 만능 고기볶음을 얹은 후 고춧가루를 뿌려 먹는다.

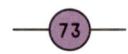

육쌈쫄면

1인분 : 칼로리 **873kcal** | 지방 **69.6g** | 탄수화물 **17.9g** | 식이섬유 **6.6g** | 단백질 **46.4g**

> 언젠가부터 식당에 육쌈 냉면이라는 메뉴가 등장했어요. 달달하게 양념해 구운 돼지갈비를 시원한 물냉면과 함께 먹는 조합인데 남녀노소 할 것 없이 좋아하더라고요. 미역 국수를 이용해 쫄면을 만들고 대패삼겹살을 구워서 키토식에서도 먹을 수 있는 육쌈쫄면을 만들었더니 쫄면 한 그릇만으로는 부족한 칼로리와 포만감이 해결되고 맛의 조화도 훌륭하네요. 쫄면에는 곤약 국수보다 미역 국수의 식감이 더 어울리는 것 같아요.

 **재료** (2인분)

- 미역 국수 2봉지(180g×2)
- 콩나물 150g
- 오이 100g
- 삶은 달걀 2개
- 대패삼겹살 400g
- 소금 약간
- 후추 약간

| 쫄면 양념장 |

- 진주표 키토 고추장(266쪽 참조) 70g
- 리퀴드 아미노스 1큰술
- 애플사이더 식초 2큰술
- 참기름 2작은술
- 에리스리톨 2작은술
- 다진 마늘 1/2작은술
- 통깨 1작은술

 만들기 (준비와 조리 30분)

1. 미역 국수는 찬물에 헹군 후 체에 밭쳐 물기를 빼놓는다. 오이는 채 썰어 둔다.
2. 콩나물은 끓는 소금물에 4분간 익힌 후 찬물에 헹구고 물기를 빼놓는다. 삶은 달걀은 껍질을 깐 후 반으로 잘라놓는다.
3. 쫄면 양념장 재료를 모두 섞어둔다.
4. 볼 2개에 미역 국수를 담고 콩나물, 오이채, 쫄면 양념장, 삶은 달걀을 나누어 담는다.
5. 대패삼겹살을 소금과 후추로 간하며 구워 4의 쫄면에 곁들여 먹는다.

 미역 국수의 물기는 최대한 빼주고 먹기 직전에 양념장을 끼얹어 비벼주세요. 미리 비벼놓으면 미역 국수에서 수분이 나와 쫄면이 싱거워져요.

골뱅이비빔국수

1인분 : 칼로리 **396kcal** | 지방 **21.7g** | 탄수화물 **22.8g** | 식이섬유 **9.6g** | 단백질 **31.3g**

> 통조림 골뱅이는 조미가 되어 있어서 키토식에 적합한 재료는 아니지만 가끔 소면과 함께 버무린 새콤달콤한 골뱅이무침이 먹고 싶을 때가 있어요. 골뱅이는 건져서 찬물에 헹구고, 채소와 실곤약에 진주표 키토 고추장으로 만든 양념을 끼얹어 비비면 '최대한 당질을 낮추려고 노력한 골뱅이비빔국수' 정도는 된답니다. 입맛을 잃은 더운 여름날이나 기름진 음식이 지겨워진 명절 끝 무렵에 유용한 메뉴가 될 거예요.

 재료 (2인분)

- 골뱅이 통조림 400g(골뱅이 약 180g)
- 삶은 달걀 2개
- 양배추 120g
- 오이 100g
- 대파(흰 부분만) 1대
- 적양파 50g
- 실곤약 1봉(200g)
- 황태채 20g
- 생들기름 1큰술

| 비빔 양념

- 진주표 키토 고추장(266쪽 참조) 3큰술
- 고춧가루 1큰술
- 애플사이더 식초 1큰술
- 레몬즙 2큰술
- 리퀴드 아미노스 2작은술
- 에리스리톨 2작은술
- 생들기름 1큰술
- 통깨 1/2큰술

 만들기 (준비와 조리 30분)

1. 골뱅이 통조림은 내용물만 건져 흐르는 찬물에 씻은 후 체에 밭쳐 물기를 제거하고 크기에 따라 2~3등분으로 잘라놓는다.

2. 양배추는 양배추 채칼을 이용해 최대한 곱게 채 썬 후 찬물에 담가 여러 번 헹구고 샐러드 스피너에 돌려 물기를 빼놓는다.

3. 오이는 채 썰고, 대파의 흰 부분은 손가락 길이로 잘라 곱게 채 썰어 찬물에 담가 매운맛을 뺀 후(물을 두어 번 갈아준다) 체에 밭쳐 물기를 제거한다. 적양파는 채 썬다.

4. 황태채는 가늘게 찢은 후 생들기름 1큰술을 넣어 조물조물 버무린다.

5. 실곤약은 찬물에 헹궈 물기를 꼭 짠 후 가위로 한 번 잘라놓는다.

6. 삶은 달걀은 껍질을 까서 반으로 잘라놓는다.

7. 준비한 갖은 재료를 넓은 볼에 담고 비빔 양념 재료를 고루 섞은 뒤 끼얹어 비벼 먹는다.

 TIP 일반 양파를 쓸 경우에는 매울 수 있으니 양파를 채 썰어 찬물에 담가 매운맛을 뺀 후 사용하는 게 좋아요.

75
국물떡볶이

1인분 : 칼로리 **293kcal** | 지방 **12.5g** | 탄수화물 **26.7g** | 식이섬유 **7.1g** | 단백질 **22.9g**

> 많은 분이 키토식으로 만들어달라고 요청한 것이 바로 떡볶이였어요. 처음에는 농담으로 생각했는데 (저는 일반 식을 할 때도 떡볶이를 크게 좋아하지 않기에 키토식을 하면서 떡볶이를 먹고 싶은 적이 없었거든요.) 시간이 갈수록 많은 분의 요청에 떡볶이는 해내야 하는 숙제처럼 여겨졌어요. 진주표 키토 고추장을 만들어낸 후 떡볶이도 비로소 가능하게 되었는데 어쩌다 한 번 '덜 나쁘게' 먹을 수 있는 메뉴에요. 떡은 키토식 떡국에 사용했던 것처럼 새송이를 떡국떡 모양으로 잘라 사용했고 어묵을 듬뿍 넣어 국물떡볶이 맛을 냈어요. 레시피를 공개하니 많은 분이 시판 국물떡볶이와 같은 맛이라고 좋아했어요. 떡볶이가 간절했다면 어쩌다 한 번 이 메뉴로 그 스트레스를 풀고 다시 착한 키토식으로 돌아가길 바랍니다.

 재료 (2~3인분)

- 어묵 240g
- 새송이 200g
- 양배추 200g
- 진주표 키토 고추장(266쪽 참조) 3큰술
- 고춧가루 2큰술
- 멸치 가루 2작은술
- 에리스리톨 1½큰술
- 리퀴드 아미노스 2½큰술
- 대파 1/2대
- 삶은 달걀 4개

 만들기 (준비와 조리 25분)

1. 어묵은 먹기 좋은 크기로 자르고 새송이는 떡국떡처럼 타원 모양을 살려 얇게 잘라놓는다. 양배추는 사방 3cm 크기로 잘라놓고 대파는 어슷하게 썰어놓는다.

2. 냄비나 웍에 물 700ml, 멸치 가루, 양배추를 넣고 불에 올린 후 끓으면 약중간 불로 낮춰 5분간 끓인다.

3. 2에 진주표 키토 고추장, 고춧가루, 에리스리톨, 리퀴드 아미노스를 넣고 고루 풀어준 후 어묵과 새송이, 대파를 넣어 새송이가 부드럽게 익고 재료에 양념이 밸 때까지 5~10분간 더 끓인다.

4. 껍질을 깐 삶은 달걀을 3에 넣은 후 조금 더 끓인다.

 1. 멸치 가루가 들어가지만 완성된 떡볶이에서 멸치 맛은 나지 않아요. 맛있는 국물을 위해서는 꼭 필요한 재료이니 빠뜨리지 말고 넣어주세요.

2. 어묵은 어육의 함량이 아무리 높아도 그 '어육' 자체가 조미되어 수입된 어육 반죽인 경우가 많기 때문에 키토식에서 마음 놓고 먹을 수 있는 어묵은 없다는 게 개인적인 생각입니다. (국물떡볶이에는 슈퍼마켓에서 흔히 구입할 수 있는 어묵 중 탄수화물량이 제일 낮은 제품을 골라 사용했어요.)

CHAPTER 5

특별한 반찬과 일품요리

바지락고추볶음

1인분 : 칼로리 **480kcal** | 지방 **42.1g** | 탄수화물 **7.7g** | 식이섬유 **1.4g** | 단백질 **19g**

> 보통 조개류를 볶을 땐 술을 약간 넣지요. 스페인의 한 타파스 식당에서 아무런 양념도 술도 넣지 않고 파슬리만 조금 넣어 올리브 오일에 볶아낸 바지락을 먹어봤는데 깔끔하고 맛있었어요. 그 맛을 떠올리며 넉넉한 올리브 오일에 부추와 청양고추를 볶아 만들었어요. 올리브 오일과 조개즙이 어우러져 국물까지 맛있는 바지락 볶음이에요.

 **재료** (2인분)

- 바지락 1kg(해감한 것)
- 올리브 오일 6큰술
- 청양고추 3개
- 홍고추 1개
- 부추 60g
- 다진 마늘 1작은술
  (또는 편으로 자른 마늘 2쪽)
- 소금 1~2꼬집

 만들기 (준비와 조리 15분)

1. 바지락은 씻어서 물기를 빼둔다. 청양고추와 홍고추는 잘게 썰고 부추는 5cm 길이로 잘라둔다.
2. 큰 팬에 올리브 오일, 다진 마늘, 소금을 넣고 약한 불에 천천히 볶는다.
3. 마늘이 부드럽게 익고 기름에 마늘 향이 충분히 우러나면 불을 세게 키우고 1의 바지락과 고추를 넣고 고루 섞은 후 뚜껑을 덮는다.
4. 2분간 센 불을 유지하며 익히다가 뚜껑을 열고 1의 부추를 넣어 섞은 후 불에서 내린다.

 오래 익히면 조갯살이 줄어들어버리니 4번 과정에서 너무 오래 조리하지 마세요.

오징어볶음

1인분 : 칼로리 **336kcal** | 지방 **18.8g** | 탄수화물 **16.8g** | 식이섬유 **3g** | 단백질 **25.4g**

❝ 저희 엄마표 오징어볶음은 고추장 대신 진간장과 고춧가루를 넣어 만들어요. 양념의 맛은 세지 않으면서 볶을 때 생기는 채소 국물에 오징어 맛이 진하게 배어들어 밥에 얹어 먹으면 짭짤하고도 달짝지근해 참 맛있었어요. 또 애호박, 당근, 양파가 꼭 들어가요. 간도 밥에 얹어 먹기 적당해 3분 곤약쌀밥(142쪽 참조)이나 양배추볶음(145쪽 참조) 같은 밥 대용식 중 하나를 선택해 함께 드세요. 오징어볶음만 먹을 거라면 리퀴드 아미노스의 양을 살짝 줄이세요. ❞

재료 (2인분)

- 오징어 큰 것 1마리(내장 제거 후 300g)
- 애호박 100g
- 양파 100g
- 당근 40g
- 대파 1/3대
- 꽈리고추 5개(선택)
- 리퀴드 아미노스 2큰술
- 에리스리톨 1큰술
- 고춧가루 1큰술
- 다진 마늘 1/2큰술
- 참기름 1작은술
- 아보카도 오일 2큰술
- 소금·통깨 약간씩

만들기 (준비 20분, 조리 5분)

1. 오징어의 몸통 안쪽에 촘촘히 칼집을 낸 후 2cm×6cm 크기로 자른다. 다리는 1개씩 나누어 놓고 긴 것은 반으로 잘라놓는다.

2. 냄비에 물을 담아 소금을 약간 넣고 불에 올려 팔팔 끓으면 1의 오징어를 넣고 색이 하얗게 변하면 건져 체에 밭쳐 물기를 빼놓는다.

3. 양파는 도톰하게 채 썰고 애호박과 당근은 1의 오징어와 비슷한 크기로 얇게 썰어놓는다. 대파는 어슷하게 썬다.

4. 웍에 아보카도 오일과 다진 마늘을 넣고 약중간 불에서 볶아 기름에 마늘 향을 입힌다.

5. 마늘이 익고 향이 나면 애호박, 양파, 당근, 꽈리고추(선택)를 넣고 센 불에서 볶는다.

6. 채소들이 살짝 익으면 데쳐놓은 오징어와 리퀴드 아미노스, 에리스리톨, 고춧가루를 넣고 센 불에 볶는다.

7. 전체적으로 양념이 고루 돌고 오징어가 뜨겁게 볶아지면 대파를 넣고 빠르게 뒤적이듯 볶은 후 불을 끄고 참기름과 통깨를 넣어 섞는다.

 1. 오징어를 그대로 사용하면 국물이 너무 흥건해지니 한번 데친 후 볶아주세요.
2. 오징어의 몸통 안쪽에 칼집을 내주면 양념이 잘 묻어 좋지만 바쁘면 이 과정은 생략해도 괜찮아요.

돼지고기김치두루치기

1인분 : 칼로리 **917kcal** | 지방 **76.3g** | 탄수화물 **19.2g** | 식이섬유 **5.1g** | 단백질 **39.6g**

❝ 돼지고기와 김치의 궁합은 늘 옳지요? 식단 초기부터 즐겨 먹던 메뉴인데 특별한 양념 없이 김치와 삼겹살을 볶아 상추와 깻잎에 생된장을 넣고 싸 먹으면 맛있고 포만감도 좋아요. 두루치기+상추+깻잎+생된장의 조합을 꼭 드셔보세요. 두루치기만 데울 수 있도록 내열 용기에 담고 쌈채소와 된장을 지퍼백 등에 따로 담으면 도시락으로도 아주 좋아요. ❞

 재료 (넉넉한 1인분)

- 구이용 **삼겹살** 200g
- 익은 **배추김치** 200g
- **양파** 50g
- **대파** 1/2대
- **라드** 1큰술
- **고춧가루** 1작은술(선택)
- 다진 **마늘** 1/2작은술
- **후추·통깨** 약간씩
- **생들기름** 1/2큰술

 만들기 (준비와 조리 10분)

1. 삼겹살은 한입 크기로 자르고 양파는 채 썰고 대파는 어슷하게 썰어 준비한다.
2. 팬에 1의 삼겹살과 다진 마늘, 후추를 넣고 볶는다.
3. 삼겹살이 익으면 김치와 라드를 넣고 볶다가 김치가 어느 정도 익으면 채 썬 양파와 고춧가루를 넣어 함께 볶는다.
4. 어슷하게 썬 대파를 넣어 조금 더 볶다가 불에서 내리고 생들기름을 넣어 섞은 후 통깨를 뿌린다.

 김치는 발효가 될수록 탄수화물량이 줄어들어요. 유산균이 먹이로 당을 소비하기 때문이죠. 꼭 잘 익은 김치를 사용하세요.

유장 생선구이

1인분 : 칼로리 **324kcal** | 지방 **20.4g** | 탄수화물 **5.8g** | 식이섬유 **2.8g** | 단백질 **30g**

> 간을 전혀 하지 않고 구워낸 생선에 빨갛고 달짝지근한 양념을 바른 생선 요리를 엄마가 종종 만들어 주셨는데, 커서 보니 경상도 바닷가 지역에서 그렇게 먹더라고요. 싱싱한 생선이 많은 지역이니 생선에 소금 간을 해서 유통할 필요가 없어서 그런 것 같아요. 저희 집에선 그 빨간 양념을 '유장'이라고 불렀는데 진주표 키토 고추장 완성 후 달달한 유장 맛이 떠올라 유장을 발라 생선구이를 해봤어요. 한번 먹어보면 소금 간을 하지 않은 싱싱한 생선을 볼 때마다 유장 생선구이가 생각날 거예요. 유장을 바른 생선구이에는 우럭이나 볼락, 금태 같은 볼락과 생선이 특히 잘 어울려요.

 **재료** (2인분)

- 우럭 큰 것 1마리(500g 이상)
- 라드 1큰술

| 유장용 양념

- 진주표 키토 고추장(266쪽 참조) 2큰술
- 에리스리톨 1작은술
- 리퀴드 아미노스 2작은술
- 생수 1큰술
- 올리브 오일 1큰술
- 참기름 1작은술
- 다진 마늘 1작은술
- 다진 파 5큰술
- 통깨 2작은술

 만들기 (준비와 조리 20분)

1. 우럭은 비늘을 벗기고 깨끗이 씻은 후 몸통에 칼집을 두세 군데 넣어 라드를 두른 팬에 굽는다.
2. 유장용 양념 재료를 모두 볼에 담아 고루 섞어둔다.
3. 갓 구운 1의 우럭에 유장을 발라 낸다.

 1. 큰 것 1마리 대신 크기가 작은 여러 마리의 생선을 구워 유장을 발라 먹어도 좋아요.
2. 생선의 크기가 작다면 기름을 두른 팬에 굽기보다 생선구이나 생선용 그릴에 구워 내는 게 유장과 더 어울려요.

고추장불고기와 양배추쌈

1인분 : 칼로리 **679kcal** | 지방 **46.2g** | 탄수화물 **32.3g** | 식이섬유 **12.3g** | 단백질 **40g**

> 고추장으로 양념한 돼지불고기에 매운 고추 어간장 소스를 얹어 익힌 양배추에 싸 먹는 숙쌈은 일반식을 할 때 아주 좋아하던 조합이었어요. 고추장을 못 먹는 키토식 시절에는 잊고 살던 맛이었는데 진주표 키토 고추장(266쪽 참조)을 만들고 나니 그 맛을 다시 즐기지 못할 이유가 없네요. 일반식 하던 시절과 비교해 달라진 게 있다면 양배추 숙쌈 속에 밥이 들어가지 않는다는 것뿐이에요.

재료 (2인분)

- 불고기용 돼지 앞다리살 400g
- 양파 100g
- 대파 1/2대
- 양배추 500g

고기용 양념

- 진주표 키토 고추장 4큰술
- 단맛 없는 증류식 소주 2큰술
- 리퀴드 아미노스 1큰술
- 참기름 1큰술
- 아보카도 오일 1큰술
- 고춧가루 1/2큰술
- 에리스리톨 1작은술
- 다진 마늘 1/2큰술
- 생강가루 1/8작은술
- 후추 약간

고추 어간장 소스

- 청양고추 4개
- 홍고추 약간
- 어간장 1큰술
- 생들기름 2작은술
- 다진 마늘 1작은술
- 통깨 1작은술

만들기 (준비와 조리 30분)

1. 돼지 앞다리살은 한입 크기로 자르고 양파는 채 썰어둔다. 대파는 어슷하게 썰어둔다.
2. 1의 돼지고기, 양파, 대파에 고기용 양념을 모두 넣고 고루 버무려둔다.
3. 양배추는 2덩어리로 잘라 냄비에 담고 양배추가 잠기도록 찬물을 부어 불에 올린다. 물이 끓으면 2~3분간 삶은 후 건져 체에 밭쳐 뜨거운 그대로 식힌다. (식히는 동안 조금 더 익는다.)
4. 고추 어간장 소스 중 청양고추와 홍고추는 잘게 다진 후 나머지 재료와 모두 섞는다.
5. 팬에 2의 양념한 고기를 볶은 후 삶은 양배추, 고추 어간장 소스와 함께 낸다.

 TIP 양배추는 잔류 농약이 많은 채소라 찌는 것보다는 물에 넣어 삶는 게 좋아요. 3의 방법으로 양배추를 삶으면 너무 무르지 않게 익힐 수 있고, 뜨거운 상태 그대로 식히는 동안 수분이 날아가기 때문에 질척해지지 않아 적당한 식감을 즐길 수 있어요.

부추오리주물럭

1인분 : 칼로리 **611kcal** | 지방 **46g** | 탄수화물 **20.9g** | 식이섬유 **7.8g** | 단백질 **32.2g**

> 경기도 광명에 친구랑 가끔씩 가던 오리 주물럭 집이 있어요. 큰 비닐하우스로 된 식당인데 맛있기로 소문나 늘 사람이 많았어요. 북새통 속에서 빨갛게 양념한 오리고기에 부추를 넣고 철판에 볶아가며 먹으면 정신이 하나도 없으면서도 맛있었던 기억이 있어요. 그 집 주물럭에는 도톰하게 썬 고구마가 들어 있었는데 저는 단호박을 넣고 만들었어요. 고구마를 좋아한다면 단호박 대신 허용하는 탄수화물량 범위 안에서 고구마를 넣어도 됩니다. 고추장으로 양념한 오리 주물럭은 오리고기를 싫어하는 사람도 거부감 없이 먹을 수 있는 맛이에요.

 재료 (2~3인분)

- 생오리 살(구이용) 500g
- 단호박 200g
- 양파 100g
- 부추 200g
- 대파 1대
- 라드 1.5큰술

| 양념 |

- 진주표 키토 고추장(266쪽 참조) 2큰술
- 고춧가루 3큰술
- 다진 마늘 1큰술
- 어간장 2큰술
- 에리스리톨 1큰술
- 생들기름 2큰술
- 단맛 없는 증류식 소주 2큰술
- 후추 약간

 만들기 (준비와 조리 30분)

1. 단호박은 0.5cm 두께로 자르고 양파는 1cm 너비로 채 썬다. 대파는 어슷하게 썰고 부추는 씻어서 5cm 길이로 자른 후 샐러드 스피너에 돌려 물기를 제거한다.
2. 오리 살에 양념 재료를 모두 넣어 조물조물 버무린 후 1의 단호박, 양파, 대파를 넣고 버무린다.
3. 큰 팬에 라드를 녹이고 2의 양념한 오리고기와 채소를 넣고 볶는다.
4. 고기와 단호박이 익으면 부추를 넣고 살짝만 익혀 먹는다.

 1. 쌈 싸서 먹기 좋은 간이니 쌈 채소를 곁들여도 좋아요.
2. 거의 다 먹고 양념과 건더기가 조금 남았을 때 쌀 모양 곤약을 넣고 수분 없이 볶아 먹어도 맛있어요.

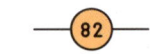

소고기시래기찜

1인분 : 칼로리 **395kcal** | 지방 **23.4g** | 탄수화물 **15.8g** | 식이섬유 **4.3g** | 단백질 **30.7g**

> 밑간한 시래기에 소고기를 넣고 푸욱 지지면 맛있는 밥반찬이 되는데, 키토식으로 먹기에도 든든하고 괜찮아요. 일반식을 하는 식구들과 함께 먹을 거라면 마지막에 국간장이나 소금을 넣어 간을 좀 더 해도 좋아요. 밥 대신 달걀프라이를 소금 없이 만들어 리퀴드 아미노스 약간과 생들기름을 끼얹어 소고기시래기찜과 함께 먹으면 맛있고 어울려요.

 재료 (3인분)

- 소고기(불고기용) 400g
- 불려서 물기를 꼭 짠 **시래기** 200g
- 양파 작은 것 1개
- 팽이버섯 100g
- 대파 1/2대
- 멸치 가루 2작은술

| 소고기용 양념 |

- 리퀴드 아미노스 1큰술
- 단맛 없는 증류식 소주 1큰술
- 생들기름 2작은술
- 후추 약간

| 시래기용 양념 |

- 집된장 1큰술
- 진주표 키토 고추장(266쪽 참조) 2큰술
- 다진 마늘 1/2큰술

 만들기 (준비 5분, 조리 30~40분)

1. 소고기는 먹기 좋은 크기로 잘라 소고기용 양념을 넣고 조물조물 버무려 두고, 시래기는 먹기 좋은 길이로 잘라 시래기용 양념을 넣고 무쳐놓는다.

2. 양파는 채 썰고 대파는 어슷하게 썰어둔다.

3. 냄비에 양파를 깔고 양념한 고기와 시래기를 얹은 후 물 500ml를 붓고 멸치 가루를 고루 뿌려 불에 올린다.

4. 국물이 끓으면 약중간 불로 낮춰 20~30분간 조리듯 끓인다. 중간중간 국물을 고루 끼얹어준다.

5. 대파와 팽이버섯을 얹고 10분간 더 끓인다.

 시래기는 넉넉한 양을 불려서 소분해 얼려두면 조림이나 국을 끓일 때 꺼내 쓰기 편해요. 시래기를 불려서 질겨지지 않게 냉동 보관하는 방법은 26쪽을 참고하세요.

묵은지시래기등뼈찜

1인분 : 칼로리 **873kcal** | 지방 **69.4g** | 탄수화물 **16.9g** | 식이섬유 **6.3g** | 단백질 **46.3g**

> 묵은지를 넣고 만든 등뼈찜은 두말이 필요 없는 밥도둑이지만, 간을 세게 하지 않고 시래기를 넣어 밥 없이 고기와 채소만 건져 먹어도 포만감을 느낄 수 있도록 만들었어요. 버터를 조금 넣어 푸욱 지지면 버터 향이 배어 더 부드럽게 먹을 수 있어요. 등뼈찜만 먹기에 허전하다면 달걀찜이나 익힌 단호박을 곁들여보세요.

재료 (4인분)

- 돼지 등뼈 2kg
- 묵은지 1쪽(배추 큰 것 1/4통 분량)
- 불려서 물기 짠 시래기 300g
- 어슷하게 썬 대파 1대 분량
- 김칫국물 100g
- 고춧가루 1큰술
- 버터 40g
- 일반 소주나 청주 1/4컵

시래기용 양념

- 집된장 1큰술
- 진주표 키토 고추장(266쪽 참조) 2큰술

※ 1컵 = 240ml

만들기 (핏물 빼기 반나절, 조리 2시간)

1. 돼지 등뼈에 찬물을 부어 중간에 물을 갈아주며 반나절 동안 핏물을 빼낸다. (여름에는 냉장고에 둔다.)

2. 핏물 뺀 등뼈를 냄비에 담고 충분히 잠기도록 찬물을 부은 후 소주나 청주를 넣고 센 불에 올려 끓기 시작하면 뚜껑을 연 채로 10분간 더 끓인다.

3. 2의 등뼈를 끓인 물을 버리고 등뼈와 냄비를 찬물에 헹군다.

4. 불려서 물기 짠 시래기는 적당한 길이로 잘라 집된장과 고추장으로 조물조물 버무려둔다.

5. 냄비에 등뼈의 살 부분이 밑으로 가게 깔고(양념이 잘 배도록) 양념한 시래기를 얹은 후 묵은지를 길이로 반 갈라 속이 아래로 향하도록 얹는다.

6. 김칫국물과 물 400g을 붓고 고춧가루를 고루 뿌린 후 버터를 얹고 뚜껑을 덮어 불에 올린다.

7. 바닥의 국물이 끓는 소리가 들리면 약중간 불로 줄이고 김치가 부드럽게 무르도록 1시간 30분~2시간 동안 익힌다. 중간에 어슷하게 썬 대파를 얹고 가끔씩 국물을 떠서 위로 끼얹어준다.

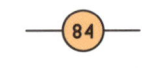

파불고기

1인분 : 칼로리 **577kcal** | 지방 **39.7g** | 탄수화물 **12.4g** | 식이섬유 **0.7g** | 단백질 **41.9g**

> 서울 을지로의 유명 냉면집에 가면 구멍 뚫린 구리 팬에 익혀 먹는 달달한 서울식 국물 불고기가 유난히 맛있어요. 서울식 국물 불고기에 대파 채를 잔뜩 넣은 파불고기가 어느 식당의 인기 메뉴로 유명하기에 키토식으로 만들어봤어요. 뜨거운 파불고기는 스키야키를 먹을 때처럼 날달걀에 찍어 먹으면 맛있어요. 날달걀에 리퀴드 아미노스와 참기름을 약간 넣으면 날달걀을 잘 못 먹는 사람도 참기름 향 덕분에 한결 맛있게 먹을 수 있어요.

 **재료** (2~3인분)

- 소고기(불고기용) 500g
- 대파채 300g

| 고기용 국물 양념 |

- 양파 150g
- 리퀴드 아미노스 3큰술
- 에리스리톨 2큰술
- 단맛 없는 증류식 소주 2큰술
- 올리브 오일 2큰술
- 후추 약간
- 물 300ml

| 날달걀 소스 |

- 달걀 3개
- 리퀴드 아미노스 3/4작은술
- 참기름 3/4작은술
- 통깨 약간

 만들기 (준비와 조리 30분)

1. 고기용 국물 양념 재료를 몽땅 믹서에 넣고 간다.
2. 소고기를 한 장씩 떼어낸 후 1의 양념을 넣고 재운다.
3. 팬이나 웍에 2의 양념한 고기를 국물까지 담고 대파채를 수북이 얹어 불에 올린다.
4. 국물이 끓기 시작하면 고기를 뭉치지 않게 젓가락으로 풀어주며 대파채와 함께 익힌다.
5. 개인용 볼에 달걀을 하나씩 깨서 담고 리퀴드 아미노스와 참기름을 1/4작은술씩 넣은 후 통깨를 약간 넣어 풀어놓는다.
6. 익은 고기와 파를 5의 날달걀 소스에 찍어 먹는다.

TIP 저는 파채용 기계가 있어서 수월하게 파채를 만들었는데, 많은 양의 파채를 썰기가 힘들다면 정육점이나 마트의 정육 코너에서 판매하는 파채를 이용해 보세요.

백김치찜

1인분 : 칼로리 **712kcal** | 지방 **69.8g** | 탄수화물 **6.9g** | 식이섬유 **2.7g** | 단백질 **38.1g**

> 백김치는 익힌 후 바로 먹어야 맛있는 김치예요. 오래 묵히면 산뜻한 맛이 사라져 그 맛이 훨씬 못해지거든요. 오래되어 맛이 덜해진 백김치가 있다면 백김치찜을 만들어보세요. 빨간 김장 김치로 만든 김치찜은 별다른 양념 없이 김치 양념만으로도 맛있지만 백김치찜 은 멸치 가루와 생들기름을 넣고 지져야 감칠맛과 고소함이 더해져 맛있답니다.

 재료 (2인분)

- 보쌈용 **삼겹살** 400g
- 절임 배추로 만든 **백김치**(282쪽 참조) 400g
- **생들기름** 2큰술
- **멸치 가루** 1작은술
- **어간장** 1작은술

 만들기 (준비와 조리 1시간 남짓)

1. 삼겹살은 큼직하게 4~5덩이로 자르고 백김치는 먹기 좋게 잘라둔다.

2. 냄비에 삼겹살을 깔고 그 위에 백김치를 올린 후 생들기름, 멸치 가루, 어간장을 고루 끼얹고 물 100ml를 붓는다. 뚜껑을 닫아 불에 올린다.

3. 바닥의 물이 끓으면 약한 불로 줄이고 1시간가량 익힌다. 중간중간 국물을 김치 위로 끼얹어준다.

 1. 중간에 국물을 떠먹어봐서 간이 모자라면 어간장을 약간 더하고 국물이 너무 졸아들면 물을 추가해 끓여주세요.

2. 백김치찜은 식어도 맛있어요.

수미네 한 마리 닭찜

1인분 : 칼로리 **1,099kcal** | 지방 **75.7g** | 탄수화물 **4.7g** | 식이섬유 **1.2g** | 단백질 **95.1g**

> TV를 거의 안 보는 편인데 어느 날 인터넷 포털 사이트에서 〈수미네 반찬〉이라는 TV 프로그램의 '한 마리 닭찜'이란 걸 봤어요. 보통의 닭찜과는 재료도 만드는 방법도 다르기에 무슨 맛인지 궁금해 당장 만들어보았지요. 양념과 만드는 법이 정확하게 나온 건 아니라 큰 맥락은 따라 하고 키토식 재료와 양념들을 이용해 적당히 만들었어요. 짭짤 칼칼한 수미네 닭찜 맛있네요.

 재료 (2인분)

- 백숙용 닭 1kg 1마리
- 다시마(너구리 라면에 든 크기) 15조각
- 청양고추 3개
- 건고추(또는 홍고추) 2개
- 건표고 3개
- 리퀴드 아미노스 1~2작은술

| 국물용 양념 |

- 리퀴드 아미노스 3큰술
- 에리스리톨 2큰술
- 국간장 2작은술
- 다진 마늘 1큰술
- 후추 약간

만들기 (건표고 불리기 1시간, 조리 50분)

1. 건표고는 씻어 찬물을 부은 후 한 시간 이상 불려둔다. (불린 물은 국물로 사용한다.)
2. 닭은 씻어서 배와 등에 칼집을 두세 번 넣어 배 쪽이 바닥으로 가도록 냄비에 담는다.
3. 닭 옆에 다시마와 불린 표고, 청양고추, 건고추를 놓는다.
4. 건표고 불린 물에 맹물을 더해 총 500ml를 만든 후 국물용 양념 재료를 모두 넣고 섞어 닭이 든 냄비에 붓는다.
5. 닭 위에 리퀴드 아미노스를 끼얹은 후 뚜껑을 덮고 중간 불에서 30분간 익힌다.
6. 뚜껑을 열고 바닥의 양념을 고루 끼얹은 후 다시 뚜껑을 닫고 10분간 더 익힌다.
7. 뚜껑을 열고 표고를 건져낸 후 국물이 거의 졸아들 때까지 양념을 끼얹어 주며 조린다.
8. 닭을 그릇에 담고 표고와 다시마, 고추도 함께 담아낸다.

 1. 냄비는 그다지 크지 않은 사이즈를 사용하세요. 닭 한 마리를 넣어 딱 맞는 정도의 크기가 적당해요.

2. 〈수미네 반찬〉에서는 조려진 다시마에 닭고기를 싸서 먹었어요. 이렇게 즐겨도 되고 탄수화물량을 엄격히 제한하는 식단을 하고 있다면 다시마에는 탄수화물이 약간 함유되어 있는 편이니 건져내고 고기만 먹는 게 좋아요.

기사식당 돼지갈비

1인분 : 칼로리 **697kcal** | 지방 **55.5g** | 탄수화물 **5.9g** | 식이섬유 **0.7g** | 단백질 **41.4g**

> 기사식당 메뉴 하면 제육볶음이랑 돼지갈비가 떠올라요. 기사식당의 돼지갈비는 나오자마자 바로 쌈을 싸 먹을 수 있도록 구워져서 나오지요. 숯불이나 연탄불에 군데군데 그슬리게 구워진 얇은 살코기는 아무리 봐도 갈비 부위는 아닌 것 같고요. 달짝지근하게 간장 양념해 구운 돼지고기를 쌈 싸서 먹으면 기사식당의 숯불이나 연탄불에 구운 맛보다야 못하겠지만 그 기분은 낼 수 있답니다. 견과류 쌈장(269쪽 참조)과 갈빗집 무절임(118쪽 참조)을 곁들이면 어울려요.

재료 (2인분)

- 돼지 앞다리살(또는 목살, 구이용) 500g
- 라드 1큰술

| 고기용 양념 |

- 양파 80g
- 리퀴드 아미노스 2큰술
- 단맛 없는 증류식 소주 2큰술
- 아보카도 오일 2큰술
- 에리스리톨 2큰술
- 참기름 2작은술
- 생강 1작은술
- 다진 마늘 2작은술
- 계핏가루 1꼬집
- 후추 약간

만들기 (준비 5분, 하룻밤 숙성, 조리 10분)

1. 돼지 앞다리살이나 목살을 지퍼백에 담는다.
2. 고기용 양념을 모두 미니 믹서에 넣고 갈아준 후 1의 지퍼백에 부어 고기와 고루 버무린다.
3. 지퍼백의 공기를 빼고 밀봉한 후 냉장고에 넣고 하룻밤 재운다.
4. 팬에 라드를 녹이고 3의 고기를 넣어 노릇하게 앞뒤로 굽는다.

 양념에 재운 고기는 잘 밀봉해 냉장고나 김치냉장고에 보관하면 3~4일은 두고 먹을 수 있어요.

갈비찜

1인분 : 칼로리 **705kcal** | 지방 **48g** | 탄수화물 **8.6g** | 식이섬유 **2.3g** | 단백질 **49.8g**

> 명절날 한식 밥상을 떠올리면 갈비찜이 빠질 수 없지요. 부드러우면서도 간이 쏙 배어든 갈비찜을 만들려면 불 조절을 하며 오랜 시간 불 앞에서 신경을 써야 하는 어려움이 있는데, 명절마다 갈비찜을 몇 킬로그램씩 만드는 종손집 며느리인 제 친구가 전수해 준 압력솥 조리법을 쓰니 조금은 수월하게 만들 수 있었어요. 무와 양파를 갈아 만든 양념에 하룻밤 재어놓은 후 만든 갈비찜은 일반식을 하는 식구들이 먹어도 충분히 맛있다고 할 거예요. 이렇게 만든 갈비찜은 밥 대용식 중 어떤 것과 함께 먹어도 맛있어요.

재료 (6인분)

- 찜용 소갈비 2kg
- 생표고 5개
- 무 100g
- 당근 40g
- 꽈리고추 10개

재움 양념

- 대파 100g
- 무 150g
- 양파 230g
- 리퀴드 아미노스 6큰술
- 에리스리톨 4큰술
- 단맛 없는 증류식 소주 4큰술
- 어간장 1큰술
- 다진 마늘 1큰술
- 참기름 1큰술
- 후추 1/2작은술

만들기 (하룻밤 재우기, 조리 1시간~1시간 30분)

1. 소갈비는 작은 뼛조각이 없도록 찬물에 두어 번 헹군 후 체에 받쳐 물기를 빼놓는다.
2. 재움 양념 재료를 모두 믹서에 넣어 갈아놓는다.
3. 갈비를 2의 양념에 고루 버무려 냉장고에서 하룻밤 재운다.
4. 압력솥에 3의 갈비를 넣고 센 불에 올려 압력솥의 추가 올라가면(추가 돌면) 약한 불로 줄여 20분간 익힌다.
5. 20분 후 불을 끄고 압력솥의 압력이 모두 빠질 때까지 기다린다.
6. 갈비를 압력솥에 익히는 동안 생표고는 밑동을 떼어내고 4등분한다. 무와 당근은 밤톨의 1/2 크기로 잘라 모서리를 다듬고 꽈리고추는 반으로 잘라 씨를 털어낸다.
7. 압력솥의 압력이 모두 빠지면 뚜껑을 열고 표고, 무, 당근을 넣어 중간 불에서 20분 정도 졸이며 끓인다.
8. 꽈리고추를 넣고 3~5분간 더 익힌 후 불에서 내린다.

TIP
1. 압력솥을 사용할 경우는 양념의 채소 수분과 갈비의 기름 등이 있기 때문에 물은 넣지 않아도 됩니다.
2. 전기 압력솥을 사용한다면 하룻밤 재운 갈비를 내솥에 담고 갈비찜 모드로 익힌 다음 일반 냄비로 옮겨 담아 표고, 무, 당근을 넣고 20분가량 조린 후 꽈리고추를 넣어 조금 더 익혀주세요.
3. 일반 냄비에 조리한다면 하룻밤 재운 갈비를 물 약간과 함께 냄비에 넣고 갈비가 부드럽게 익을 때까지 한 시간가량 익힌 후(중간에 모자라면 물 추가) 표고, 무, 당근을 넣고 20분가량 더 조린 후 꽈리고추를 넣어 조금 더 익혀 마무리하면 됩니다.

애니쉬 핀란드 대패삼겹살

1인분 : 칼로리 **894kcal** | 지방 **72g** | 탄수화물 **11.2g** | 식이섬유 **4.5g** | 단백질 **48.3g**

> 애니쉬(발열 도자기)라는 특정 조리 기구가 있어야 하고, 삼겹살도 일반 삼겹살이 아닌 특정 제품을 사용해야 하지만 손쉽게 뚝딱 만들 수 있고 노력 대비 맛있는 요리라 소개할게요. 바쁘거나 요리하기 귀찮은 날, 또는 너무 더워서 불 쓰기 힘든 날에 유용할 메뉴거든요. 요리 이름도 제품명을 그대로 붙여 만들었어요.

 **재료** (1인분)

- 완전히 해동된 핀란드 대패삼겹살 250g
- 부추 80g
- 팽이버섯 1봉지(손질 후 100g)
- 리퀴드 아미노스 2작은술
- 식초 1작은술
- 소금 약간
- 후추 약간

※ 팟캐스트 〈저자세〉 진행자 메이님의 애니쉬 대패삼겹살찜(대패삼겹살+부추+팽이버섯의 조합)이 맛있어 보여서 같은 조합에 리퀴드 아미노스와 식초만 더해 만들어봤는데 그야말로 훌륭한 초간단 요리가 탄생했어요. 메이님께 감사를!

 만들기 (준비와 조리 15분)

1. 부추는 5cm 길이로 자르고, 팽이버섯은 지저분한 뿌리 부분을 제거한다.
2. 애니쉬를 4분 예열한 후 부추와 팽이버섯을 담고 그 위에 리퀴드 아미노스와 식초를 섞어 고루 뿌린다.
3. 핀란드 대패삼겹살을 눌러 좀 납작하게 편 후 2 위에 얹고 삼겹살에만 소금을 약간 뿌린다.
4. 애니쉬 뚜껑을 덮고 전자레인지에 8분간 익힌다.
5. 삼겹살이 익었으면 후추를 뿌린다.
6. 삼겹살에 부추와 팽이버섯을 곁들여서 자연스레 만들어진 소스(국물)에 담갔다가 먹는다.

 1. 삼겹살이 얼어 있으면 조리 시간이 달라지니 꼭 완전히 해동된 후 만드세요.
2. 애니쉬는 한 중소기업에서 만든 전자레인지용 발열 도자기예요. 있으면 가끔 유용하지만 저탄고지 식단을 하는 데 꼭 필요한 조리 기구는 아니라 따로 조리 기구 설명에 넣지는 않았어요.
3. 여기에서 핀란드 대패삼겹살을 사용하는 이유는 항신 재료 없이 쪄도 잡내가 나지 않는 데다가 모양도 도르르 말려 있지 않고 그대로 차곡차곡 겹쳐져 있어 애니쉬에 익히기 적합하기 때문이에요.

고추장닭구이

1인분 : 칼로리 **665kcal** | 지방 **47.5g** | 탄수화물 **8g** | 식이섬유 **4.3g** | 단백질 **53.4g**

> 고추장으로 양념한 닭고기를 숯불에 노릇노릇 구워 쌈채소에 싸 먹으면 끝도 없이 먹을 수 있을 것 같아요. 집에서 숯불을 피울 수는 없지만 싱싱한 쌈채소와 함께 고추장닭구이를 준비해 보세요. 된장찌개를 보글보글 끓이거나 따끈한 사골국 한 대접을 곁들이면 부족함이 없는 식사가 될 거예요.

 재료 (2인분)

- 닭 허벅지살 400g
- 진주표 키토 고추장(266쪽 참조) 3큰술
- 단맛 없는 증류식 소주 2큰술
- 리퀴드 아미노스 1½큰술
- 아보카도 오일 1큰술
- 고춧가루 1큰술
- 다진 마늘 2작은술
- 에리스리톨 1작은술
- 다진 생강 1/2작은술
- 후추 약간
- 라드 1큰술

 만들기 (양념에 재우기 30분, 조리 10분)

1. 닭 허벅지살은 깨끗이 씻어 키친타월로 물기를 닦아 놓는다.
2. 라드를 제외한 모든 양념 재료를 고루 섞은 후 1의 닭 허벅지살을 넣고 고루 버무려 30분 이상 재운다.
3. 프라이팬이 달궈지면 라드를 녹이고 닭고기를 겹치지 않게 올려놓은 후 뚜껑을 덮어 중간 불에 4분간 익힌다.
4. 닭고기를 뒤집어 뚜껑을 덮고 중간 불에 4분간 더 구운 뒤 상태를 보아 조금씩 더 굽는다.

 1. 고추장 양념을 한 고기를 구울 땐 불이 세면 양념이 탈 수 있어요. 뚜껑을 덮고 중간 불에 앞뒤로 충분히 익힌 후 상태를 보고, 필요하다면 살짝 노릇해질 정도로 조금씩 더 구워야 타지 않게 구울 수 있어요.
2. 고기의 간은 쌈을 싸 먹기에 적당하도록 살짝 세게 만들었어요.

키토 맛초킹

1인분 : 칼로리 **788kcal** | 지방 **55.4g** | 탄수화물 **10.9g** | 식이섬유 **3g** | 단백질 **59.4g**

> 일반식을 할 때에도 배달 음식은 거의 먹지 않았는데 맛초킹은 유일하게 어쩌다 한 번씩 먹는 배달 음식이었어요. 언젠가부터 집에서 만들어 먹기 시작했고 저탄고지 식단을 하게 되면서 양념과 조리법을 변경해 만들었는데 제 쿠킹 클래스에 선보이니 인기 만점이었죠. 많은 분이 궁금해하고 배우고 싶어 하는 메뉴라 소개합니다.

 재료 (2인분)

- 닭날개(아랫날개) 500g
- 소금 1/8작은술
- 생강가루 1/4작은술
- 라드 적당량
- 대파 80g
- 청양고추 3개
- 홍고추 1개
- 통깨 1작은술
- 검은깨 1작은술

| 볶음 양념 |

- 리퀴드 아미노스 2큰술
- 화이트 식초 2큰술
- 에리스리톨 1½큰술

만들기 (준비와 조리 30분)

1. 닭날개는 씻어 키친타월로 물기를 제거한 후 소금과 생강가루를 뿌려 고루 버무린다.

2. 대파, 청양고추, 홍고추는 잘게 썰어 준비한다.

3. 차가운 팬에 라드를 넉넉히 담고(닭날개 두께의 반 정도가 잠기도록) 닭날개를 겹치지 않게 펼쳐 담은 후 센 불에 올린다.

4. 기름이 바글거리기 시작하면 중간 불로 낮춘 후 기름 튐 방지 뚜껑을 덮어 10분, 뒤집어 8~10분 튀긴다. (또는 닭날개의 양면이 까슬까슬하고 노릇해질 때까지 튀긴다.)

5. 웍에 볶음 양념을 넣고 바글바글 끓이며 약간 졸인다.

6. 5에 막 튀긴 뜨거운 닭날개, 대파, 청양고추, 홍고추, 통깨, 검은깨를 넣고 센 불에 뒤적이며 양념을 졸이는 느낌으로 고루 버무린다.

 1. 얇으면서도 바삭한 튀김옷으로 쓸 만한 재료가 드문 키토식에서 닭껍질은 튀겼을 때 바삭한 식감을 내주는 훌륭한 재료예요. 닭껍질이 튀김옷 역할을 한다고 보면 되는데 그래서 전면이 껍질로 둘러싸인 닭날개(아랫날개)는 맛초킹을 만들기에 가장 적당한 부위랍니다.

2. 위의 방법대로 닭날개를 튀길 때 무쇠나 스테인리스 팬을 사용하면 껍질이 바닥에 들러붙으니 반드시 코팅 팬을 사용하세요.

3. 맛초킹 양념에는 애플사이더 식초보다 화이트 식초를 사용하는 편이 맛이 더 깔끔해요. 화이트 식초가 없다면 애플사이더 식초를 사용해도 됩니다.

92

돼지껍데기족편

1인분 : 칼로리 **342kcal** | 지방 **19.6g** | 탄수화물 **0.3g** | 식이섬유 **0.1g** | 단백질 **38.4g**

> 콜라겐이 많이 함유된 식재료를 푹 끓인 후 굳혀 묵 형태로 만들어놓은 걸 족편이라고 해요. 언젠가 가족 모임에 시고모님이 강황을 넣은 노란색 돼지껍데기족편을 만들어 오셨는데 맛있게 먹었던 기억이 있어서 저도 강황을 넣고 만들어봤어요. 돼지껍데기족편은 특별한 재료 없이 쉽게 만들 수 있고 의외로 냄새도 나지 않으니 한번 만들어보세요.

 재료 (1.1kg, 7~8인분)

- 돼지 껍데기 500g
- 단맛 없는 증류식 소주 약간
- 양파 1개
- 대파 1대
- 마늘 5쪽
- 생강 엄지손가락 크기 1.5조각
- 강황 가루 1/8~1/4작은술
- 청양고추 1개
- 홍고추 1개
- 통깨 약간
- 검은깨 약간
- 소금 약간

만들기 (조리 1시간 30분, 식혀서 굳히기 하룻밤)

1. 돼지 껍데기를 깨끗이 씻어 냄비에 담은 후 찬물을 붓고 소주를 두 바퀴 둘러 불에 올려 10분간 끓인다.
2. 1의 물을 따라 버리고 돼지 껍데기를 찬물에 헹군 후 1cm 너비로 길게 자른다.
3. 2의 돼지 껍데기를 큰 냄비에 담고 양파와 대파를 2등분해 넣고 마늘과 생강을 넣어 물을 넉넉히 부어 불에 올린다.
4. 물이 끓으면 중간 불로 낮춰 1시간가량 끓인다.
5. 국물이 사골국처럼 뽀얘지고 농도가 걸쭉해지면 양파, 대파, 마늘, 생강을 건져내고 강황 가루를 조금씩 넣으며 섞어 원하는 색깔을 낸 후 불에서 내린다.
6. 청양고추와 홍고추는 반으로 갈라 씨를 제거하고 가늘게 채 썰어 5에 넣고 통깨와 검은깨, 소금 2~3꼬집을 넣어 섞는다.
7. 적당한 용기에 6을 부어 식힌 후 냉장고에 넣어 하룻밤 굳힌다.
8. 굳은 족편을 한입 크기로 납작하게 썰어낸다.

 새우젓에 고춧가루와 통깨를 약간 넣고 생들기름을 섞어 족편과 곁들이면 어울려요.

족발

1인분 : 칼로리 **565kcal** | 지방 **39g** | 탄수화물 **0.7g** | 식이섬유 **0g** | 단백질 **49.4g**

> 제 시부모님은 돼지고기를 참 좋아하세요. 그래서인지 남편은 어려서부터 집에서 직접 만든 족발을 종종 먹었던 기억이 있대요. 어머님의 족발 요리법을 최근에야 배웠는데 '진즉에 배울 걸!' 싶었어요. 재료도 간단하고 만드는 방법도 단순한데 맛은 기대 이상이었거든요. 앞으로 족발은 사 먹기보다 만들어 먹을 것 같아요. 제 시어머니표 족발 요리법을 소개합니다.

 재료 (4인분)

- 돼지 앞다리 장족 1개(약 2kg)
- 양파 1개
- 대파 2대
- 생강(엄지손가락 크기) 4쪽
- 인스턴트커피 1작은술(2g)
- 시판 된장 4큰술
- 꽃소금 2작은술
- 가시오가피 10cm 길이 5개

| 먹을 때 양념 |

- 새우젓 1½큰술
- 생들기름 2작은술
- 고춧가루·통깨 약간씩

만들기 (핏물 빼기 1시간, 조리와 식히기 2시간 30분)

1. 돼지 앞다리는 찬물에 1시간 정도 담가 핏물을 뺀다.
2. 양파와 대파는 반으로 잘라 놓는다.
3. 핏물 뺀 돼지 앞다리를 큰 솥에 담고 양파, 대파, 생강, 가시오가피를 넣은 후 재료가 충분히 잠기도록 찬물을 붓는다.
4. 3에 인스턴트커피와 된장, 꽃소금을 넣어 잘 푼 후 불에 올려 끓인다.
5. 물이 끓기 시작하면 중간 불에서 1시간 30분간 끓인다.
6. 1시간 30분 후 돼지 앞다리의 가장 두꺼운 살 부분을 젓가락으로 찔러보아 젓가락이 쑥 들어가고 젓가락을 찔렀던 구멍으로 핏물이 배어 나오지 않으면 고기를 건져서 40분간 식힌다.
7. 뼈에서 고기를 발라내어 얇게 썬다.
8. 새우젓에 생들기름, 고춧가루, 통깨를 섞어 족발과 함께 낸다.

1. 돼지 앞다리를 삶을 때 잡내가 날아가도록 뚜껑을 반쯤 열어놓으세요.
2. 잘 익은 김치나 갈빗집 무절임(118쪽 참조)을 곁들여 먹으면 어울려요.

매운 족발

1인분 : 칼로리 **922kcal** | 지방 **44.3g** | 탄수화물 **15.8g** | 식이섬유 **4.6g** | 단백질 **118.2g**

> 서울 역삼동에 저희 부부가 좋아하는 매운 족발 집이 있어요. 키토식을 시작한 후에도 가끔 생각이 나서 벼르다가 한 번씩 사먹긴 하는데 먹고 나면 꼭 하루 이틀 배가 아프고 체중 증가가 있더라고요. 그래서 편의점이나 마트에서 쉽게 구할 수 있는 미니족 완제품을 이용해서 매운 족발을 직접 만들어봤어요. 다행히 직접 만든 매운 족발은 복통이나 체중 증가를 유발하진 않네요. 자주 먹을 것은 못 되지만 기분전환 용으로 가끔씩 일탈을 즐기세요!

재료 (2인분)

- 미니족발 완제품 800g

양념장
- 진주표 키토 고추장(266쪽 참조) 2큰술
- 고춧가루 2큰술
- 단맛 없는 증류식 소주 2큰술
- 에리스리톨 2작은술
- 리퀴드 아미노스 2작은술
- 대파 20g
- 다진 마늘 2작은술
- 생강가루 1/2작은술
- 후추 약간
- 올리브오일(스프레이용) 약간

만들기 (준비와 조리 약 15분)

1. 족발을 체에 담은 후 흐르는 뜨거운 물에 문지르며 헹궈 겉면의 여분 양념을 제거한다.
2. 양념장 재료 중 대파를 곱게 다진 후 나머지 재료와 섞어 양념장을 만들어둔다.
3. 2의 양념장을 1의 족발에 넣어 비닐장갑을 끼고 골고루 버무린다.
4. 에어프라이어의 바스켓에 3의 족발을 겹치지 않게 펼쳐 담고 190℃에서 5분간 익힌다.
5. 에어프라이어의 바스켓을 꺼내 족발에 올리브오일을 고루 스프레이(또는 조리용 붓으로 바른다) 한 후 190℃에서 5분간 더 익힌다.

1. 고춧가루 양념이 군데군데 살짝 거뭇해지듯 구워져야 불 맛이 나기 때문에 족발을 겹치지 않게 한 층으로 펼쳐 구우세요.(에어프라이어의 용량이 적어서 한 층으로 펼쳐 담을 수가 없다면 나누어 굽는 게 좋아요)

2. 오븐에 조리할 경우 200℃로 예열된 오븐에서 10분간 구운 후 족발을 뒤집어 올리브오일을 고루 뿌린 다음 5분간 더 구워주세요.(양념이 군데군데 살짝 거뭇하게 구워지도록 색깔을 봐가며 시간을 조정해주세요)

CHAPTER 6

온몸이 뜨끈~
건강한 국물 요리

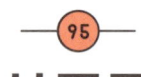

사골국

200ml : 칼로리 **106kcal** | 지방 **9.2g** | 탄수화물 **0g** | 식이섬유 **0g** | 단백질 **5.4g**

> 찬 바람이 불기 시작하면 '사골국을 끓일 때가 왔구나' 싶어요. 기름을 걷어내지 않고 만든 사골국은 어느 메뉴에든 곁들여 저탄고지 밥상을 구성하기 좋고, 요리에 밑 국물로 사용하기에도 좋아 늘 냉동실에 보관해 두고 있어요. 사골 끓이는 방법은 어려울 건 없지만 하루나 하루 이상이 꼬박 걸려요. 날 잡고 사골을 고아 그 국물을 냉동고에 꽉 채워놓으면 한참 동안 든든해요.

 재료 (15인분 이상)

- 한우 사골 2kg
- 한우 잡뼈 1kg

 만들기 (준비와 조리 하루)

1. 사골과 잡뼈를 찬물에 반나절 담가 핏물을 뺀다. (중간에 물을 몇 번 갈아주면 좋다.)

2. 뼈를 물에서 건져 곰솥에 담고 뼈가 잠길 정도의 찬물을 부어 센 불에 한 번 우르르 끓인다.

3. 2의 물을 따라버리고 뼈를 찬물에 한 번 헹군 후 다시 찬물을 부어 끓인다. (솥도 한 번 헹궈주는 게 좋다.)

4. 덜 빠진 핏물이 익어서 떠오르는 핏물 거품은 모두 제거한다. 졸아드는 물을 계속 보충하면서 8시간가량 끓인다. (사골이 들썩거릴 정도로 센 불에서 끓여야 국물이 잘 우러난다.)

5. 국물 색이 뽀얗게 되고 한 숟가락 떠먹어보아 고소하고 깊은 맛이 나면 불을 끈다.

6. 완성된 국물을 반 정도 덜어 먹거나 소분해 얼린 후 다시 찬물을 보충해 뽀얗고 고소한 국물이 나올 때까지 끓인다.

TIP
1. 초반에 익은 핏물과 함께 떠오르는 지저분한 기름 말고는 기름을 걷어내지 않고 만들지만, 기름이 부담스럽다면 중간에 걷어내지 말고 사골국이 완성될 무렵에 걷어내세요. 끓이는 동안 기름에서도 맛있는 맛이 국물에 녹아 나오거든요.

2. 양지나 사태 덩어리를 찬물에 담가 핏물을 뺀 후 사골국이 끓고 있을 때 넣어 한 시간 정도 익힌 후 건져 얇게 잘라요. 사골 국물을 소분할 때 국으로 먹을 것에만 조금씩 넣어 함께 얼리면 고기가 든 사골국을 먹기에 좋아요.

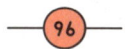

사골갈비탕

1인분 : 칼로리 **651kcal** | 지방 **51.4g** | 탄수화물 **0g** | 식이섬유 **0g** | 단백질 **38.5g**

> 사골국에 살코기를 넣어 먹듯이 찜갈비를 넣어서 사골갈비탕으로 먹는 걸 좋아해요. 사골갈비탕을 만들기 위해 일부러 사골을 고을 필요는 없고 사골을 고을 때 찜용 소갈비를 조금만 준비해 보세요. 사골 국물이 완성될 무렵 사골 국물을 덜어 찜갈비를 넣고 함께 끓이기만 하면 됩니다. 갈비 두어 덩이와 함께 기름기 동동 뜬 사골 국물까지 한 대접 먹고 나면 반나절이 든든해요.

 재료 (3~4인분)

- 소갈비(찜용) 1kg
- 사골국 1.5L(226쪽 참조)
- 다진 대파 적당량
- 소금·후추 약간씩

 만들기 (핏물 빼기 1시간, 조리 1시간 남짓)

1. 소갈비는 찬물에 1시간 정도 담가 핏물을 뺀 후 체에 밭쳐 물기를 뺀다.
2. 사골 국물을 불에 올려 끓으면 1의 소갈비를 넣고 함께 끓인다. 떠오르는 핏물 거품은 말끔히 걷어낸다.
3. 갈비가 원하는 만큼 부드럽게 익으면(약 1시간) 불에서 내린다. (중간에 국물이 너무 졸아들면 사골 국물이나 물을 보충한다.)
4. 다진 대파를 얹고 소금과 후추로 간을 맞춰 먹는다.

TIP
1. 갈비는 핏물을 너무 오래 빼면 맛있는 맛까지 빠져나가요. 덜 빠진 핏물은 끓이는 초반에 익어서 떠오르니 그 때를 놓치지 말고 거품망으로 말끔히 걷어내면 됩니다.
2. 사골갈비탕의 갈비는 송송 썬 대파를 넣은 초간장에 찍어 먹으면 맛있어요. 초간장은 리퀴드 아미노스, 생수, 식초를 2:1:1 비율로 섞어 만들면 됩니다.

간단 돼지국밥

1인분 : 칼로리 **901kcal** | 지방 **75.8g** | 탄수화물 **4.1g** | 식이섬유 **2.1g** | 단백질 **42.2g**

❝ 《진주의 해피 키토 키친》에서는 돼지 뼈로 육수를 내어 돼지국밥 만드는 법을 소개했었지요. 돼지 뼈 육수를 만들어두고 돼지국밥을 만들면 좋겠지만 그러지 못할 경우 사골국과 냉동고에 상비 식품으로 보관하고 있을 법한 대패삼겹살을 이용해 간단 버전 돼지국밥을 만들어도 꽤 괜찮아요. 보글보글 끓는 돼지국밥에 부추무침을 잔뜩 넣어 먹으면 포만감도 있고 채소 반찬을 따로 챙기지 않아도 되어서 좋아요. ❞

 재료 (1인분)

- 사골국 300~400ml (226쪽 참조)
- 대패삼겹살 200g
- 부추 80g
- 다진 마늘 1/2작은술
- 고춧가루 약간
- 어간장 약간
- 통깨 약간
- 새우젓 적당량

 만들기 (준비와 조리 10분)

1. 냄비에 사골 국물을 담아 끓인다.

2. 1이 끓으면 대패삼겹살을 한 장 씩 떼어 넣고 뭉치지 않도록 젓가락으로 흔들어주며 익힌다. 떠오르는 거품은 거품망을 이용해 건져낸다.

3. 부추는 5cm 길이로 잘라 다진 마늘, 고춧가루, 어간장, 통깨를 넣고 가볍게 버무려놓는다.

4. 돼지국밥이 팔팔 끓을 때 3의 부추무침을 넣고 불에서 내린 후 새우젓으로 간을 맞추어 먹는다.

 1. 시판 사골 국물를 이용한다면 소금 간이 되어 있지 않은 제품을 사용하세요.
2. 돼지국밥에 넣어 먹을 부추무침을 만들 때 어간장은 밑간하는 정도로 약간만 넣으세요.

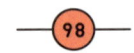

젓국갈비

1인분 : 칼로리 **800kcal** | 지방 **53.6g** | 탄수화물 **9g** | 식이섬유 **2.8g** | 단백질 **67.4g**

> 강화도의 지역 음식이라는 젓국 갈비가 궁금해서 만들어봤는데 그 맛에 반했어요. 특히 국물이 담백하면서도 칼칼해서 속이 확 풀어지는 맛이에요. 고기와 채소 등 건더기도 풍성해서 한 그릇 먹고 나면 아주 든든하고 만족스러워요.

 재료 (3인분)

- 찜용 돼지갈비 1kg
- 단맛 없는 증류식 소주 2~3큰술
- 대파 2대
- 단호박 200g
- 봄동 200g
- 청양고추 2개
- 홍고추 1개
- 다진 마늘 1/2작은술
- 새우젓 적당량
- 소금 약간

 만들기 (핏물 빼기 1시간, 조리 1시간 30분)

1. 찜용 돼지갈비는 찬물에 담가 중간에 물을 갈아주며 1시간 동안 핏물을 뺀다.

2. 단호박은 3cm 크기로 토막 내고 봄동은 큼직하게 잘라둔다. 청양고추와 홍고추는 어슷하게 썬다.

3. 핏물 뺀 돼지갈비를 냄비에 담고 고기가 충분히 잠기도록 찬물을 부은 후 소금과 소주, 대파를 3등분으로 크게 잘라 넣고 불에 올린다.

4. 3이 끓으면 중간 불로 낮춰 한 시간 동안 끓인다. (뚜껑을 열고 끓인다.)

5. 한 시간 후 대파를 건져내고 단호박, 다진 마늘을 넣고 새우젓으로 짭짤하게 간을 맞춘다.

6. 단호박이 부드럽게 익으면 청양고추, 홍고추, 봄동을 넣고 봄동이 익을 정도로만 약간 더 끓인다. 모자라는 간은 새우젓이나 소금으로 맞춘다.

 1. 간을 약간 짭짤하게 맞춰야 맛있어요.
2. 봄동 대신 얼갈이배추를 넣어도 좋아요

양지미역국

1인분 : 칼로리 **372kcal** | 지방 **27.6g** | 탄수화물 **2.8g** | 식이섬유 **0g** | 단백질 **27g**

> 건더기가 푸짐한 국 한 그릇은 키토식에서 든든한 메인 요리가 되기에 충분하지요. 고기를 넉넉히 넣어 기름기를 걷어내지 않고 만든 고깃국이라면 더할 나위가 없고요. 저희 부부는 둘 다 미역국을 좋아해서 식단 초반부터 미역국을 자주 만들어 먹었는데 일반식을 할 때와 달라진 점이 있다면 고기와 미역을 기름에 볶지 않고 고기를 푹 삶아낸 육수에 불린 미역을 넣어 끓인다는 거예요. 미역국 전용으로 쓰는 큰 무쇠 냄비에 미역국을 한가득 만들어두면 한동안 든든해요.

 **재료** (8인분)

- 소 양지머리 덩어리 800~900g
- 자른 건미역 50g
- 다진 마늘 1/2큰술
- 국간장 1~2큰술
- 어간장 1작은술
- 소금 약간

 만들기 (준비와 조리 1시간 30분~2시간)

1. 양지머리는 2~3덩어리로 잘라 큰 냄비에 담고 찬물 2.5리터를 붓고 소금 1/4 작은술을 넣어 불에 올린다.

2. 1이 끓으면 떠오르는 거품은 걷어내고 중간 불에서 1시간, 혹은 고기가 완전히 익을 때까지 끓인다.

3. 익은 고기를 건져내어 한입 크기로 납작납작하게 썰어 다시 국물에 넣는다.

4. 고기를 끓이는 동안 건미역은 찬물에 불린 후 물에 헹궈 체에 밭쳐둔다.

5. 불린 미역을 3에 넣고 미역이 부드럽게 퍼지도록 30분 이상 끓인다. (중간에 물이 모자라면 보충한다.)

6. 다진 마늘, 국간장, 어간장을 넣고 마늘이 익도록 조금 더 끓인 후 나머지 간은 소금으로 맞춘다.

 1. 양지머리는 좀 질기지만 끓이면 맛있는 맛이 국물에 우러나는 부위예요. 너무 오래 끓이면 고기 자체의 맛이 없어지니 고기가 충분히 익을 정도만 끓여주세요.

2. 부드럽게 익은 미역을 좋아하지 않는다면 미역을 넣은 후 끓이는 시간을 조정하세요.

가자미미역국

1인분 : 칼로리 **315kcal** | 지방 **13.6g** | 탄수화물 **4.8g** | 식이섬유 **0g** | 단백질 **41.7g**

❝ 가자미 미역국은 어릴 때 엄마가 가끔 해주셨는데 요즘 어느 전문 식당의 인기 메뉴로 유명하더라고요. 그 식당에서는 다진 조갯살을 참기름에 볶아서 국물을 맛있게 내는데 이 방법을 참고하되 아보카도 오일과 국간장에 바지락살과 미역을 볶은 후 참기름을 약간 넣고 물을 부어 끓이는 방법으로 참기름이 고온에 볶아지는 걸 피했어요. 크림처럼 스르륵 녹는 가자미살과 뽀얗게 우러난 구수한 국물, 그리고 부드럽게 익은 미역. 보양식이 따로 없어요! ❞

 재료 (3인분)

- 자른 건미역 25g
- 바지락살 100g
- 가자미 500g
- 아보카도 오일 1큰술
- 국간장 2작은술
- 참기름 1작은술
- 어간장 약간

 만들기 (준비와 조리 약 40분)

1. 건미역은 찬물에 담가 불린 후 찬물에 두어 번 헹궈 뚝뚝 흐르는 물기가 없을 정도로만 짜놓는다.

2. 바지락살은 물에 살짝 헹궈 물기를 뺀 후 대충 다져놓는다. 가자미는 꼬리부터 시작해 머리 방향으로 칼로 훑으며 비늘을 제거한 후 찬물에 씻어 큼직하게 토막을 낸다.

3. 냄비에 아보카도 오일을 두르고 바지락살을 볶다가 바지락살이 살짝 익으면 1의 미역과 국간장을 넣고 2~3분간 달달 볶는다.

4. 3에 참기름을 넣고 고루 섞은 후 물 1L를 부어 끓인다. 국물이 끓으면 약중불로 낮추고 20분간 끓인다.

5. 4에 2의 가자미를 넣고 10분간 더 끓인 후 모자라는 간은 어간장으로 맞춘다.

 1. 생선을 넣은 후에는 오래 끓이면 생선살이 흐트러지니 4번 과정에서 미역이 부드럽게 익도록 충분히 끓인 후 넣어주세요.

2. 4번 과정까지 만들면 맛있는 조갯살 미역국이 됩니다. 여기에 성게를 추가해 끓이면 성게 미역국, 전복을 추가해 끓이면 전복 미역국이 되니 재료를 바꿔 다양하게 응용해보세요.

매생이굴국

1인분 : 칼로리 **129kcal** | 지방 **6.2g** | 탄수화물 **7.9g** | 식이섬유 **0.4g** | 단백질 **10g**

> 청양고추를 넣고 칼칼하게 만든 멸치 육수를 이용해 매생이국을 끓이면 참 맛있어요. 매생이국은 보통 담백하고 시원하게 먹는 국이지만 완성된 후 생들기름을 넣어 먹어도 어울려요. 매생이와 굴이 제철인 계절이 오면 칼칼하고도 향긋한 매생이굴국을 만들어보세요. 기름기 오른 겨울 생선을 굽고 나물 반찬 하나와 함께 차려내면 상상만으로도 맛있는 겨울 밥상이 되겠네요.

 재료 (3인분)

- 매생이 200g
- 생굴 400g
- 국물용 멸치 10마리
- 마늘 1쪽
- 청양고추 2개
- 국간장 약간
- 생들기름 2작은술
- 소금 약간

 만들기 (준비와 조리 30분)

1. 매생이는 고운체에 담아 그대로 물에 담가 흔들어 씻으며 잡티를 골라낸다. 체에 밭쳐 물기를 뺀 후 가위로 두어 번 잘라둔다. 생굴은 소금을 약간 넣은 물에 흔들어 씻어놓는다.

2. 마늘과 청양고추는 반으로 잘라놓는다.

3. 마른 냄비에 멸치를 볶다가 멸치가 바삭해지고 고소한 냄새가 나면 물 700ml, 마늘, 청양고추를 넣고 끓인다.

4. 3의 육수가 끓기 시작하면 중간 불로 줄여 10분가량 끓인 후 멸치, 마늘, 청양고추를 건져낸다.

5. 끓는 육수에 매생이와 굴을 넣고 굴이 익을 때까지 조금 더 끓인다.

6. 국간장으로 간을 맞추고 불을 끈 후 생들기름을 끼얹어 먹는다.

사골콩나물김칫국

1인분 : 칼로리 **169kcal** | 지방 **12.2g** | 탄수화물 **5.1g** | 식이섬유 **1.8g** | 단백질 **6.9g**

> 김칫국만큼 별 재료 없이도 뚝딱 만들 수 있는 게 또 있을까요. 거기에 콩나물을 한 줌 넣어 끓인 김칫국은 집밥 메뉴의 클래식이지요. 멸치 육수에 콩나물과 김치를 넣고 끓인 국이 시원하고 속이 확 풀어지는 맛이라면, 기름기를 걷어내지 않고 만든 사골국에 콩나물과 김치를 넣어 끓인 김칫국은 후다닥 속성으로 끓여낸 해장국 같은 느낌이에요.

 재료 (4인분)

- 사골국(226쪽 참조) 1L
- 잘 익은 배추김치 200g
- 콩나물 200g
- 대파 1/2대
- 고춧가루 2작은술
- 국간장 약간

 만들기 (준비와 조리 15분)

1. 배추김치는 먹기 좋게 자르고 대파는 어슷하게 썬다. 콩나물은 씻어서 체에 밭쳐놓는다.

2. 사골 국물을 냄비에 담고 불에 올려 끓기 시작하면 1의 배추김치와 콩나물을 넣어 콩나물이 익을 때까지 끓인다.

3. 고춧가루와 대파를 넣고 살짝 더 끓인 후 간이 모자라면 국간장으로 맞춘다.

 콩나물을 넣고 나서 완성될 때까지 냄비 뚜껑은 연 채로 끓이세요.

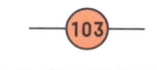

참치짜글이

1인분 : 칼로리 **316kcal** | 지방 **25.5g** | 탄수화물 **12.6g** | 식이섬유 **3.3g** | 단백질 **12.6g**

> 고기는 늘 옳지만 가끔은 고기가 아닌 다른 걸 먹고 싶을 때가 있지요. 장을 보지 않아도 어느 집에나 있을 법한 캔 참치를 이용해서 강된장이나 쌈장과 비슷한 농도로 짜글이를 만들었어요. 짜글이는 단어의 어감에서 느껴지듯 국물이 별로 없이 간을 세게 만든 찌개를 말해요. 참치짜글이를 양배추볶음(145쪽 참조)이나 3분 곤약쌀밥(142쪽 참조)과 함께 싱싱한 쌈 채소에 싸 먹으면 든든하면서도 부담스럽지 않은 한 끼가 됩니다.

 재료 (2인분)

- 참치 캔 150g
- 양파 100g
- 진주표 키토 고추장(266쪽 참조) 3큰술
- 청양고추 1개
- 대파 1/3대
- 다진 마늘 1작은술
- 올리브 오일 2큰술
- 국간장이나 어간장 1작은술

 만들기 (준비와 조리 15분)

1. 양파, 청양고추, 대파는 잘게 다져놓는다. 참치캔은 국물과 기름을 제거해 놓는다.

2. 작은 냄비에 올리브 오일을 두르고 1의 양파, 대파, 참치를 넣고 다진 마늘과 진주표 키토 고추장을 넣은 후 참치를 잘게 부수며 달달 볶는다.

3. 참치가 잘게 부수어지고 모든 재료가 고루 뜨거워지면 물 100ml를 넣고 청양고추와 국간장(혹은 어간장)을 넣은 후 5분 정도 보글보글 끓인다.

104
토마토 고추장찌개

1인분 : 칼로리 **364kcal** | 지방 **24.7g** | 탄수화물 **14.6g** | 식이섬유 **5.2g** | 단백질 **20.3g**

> 진주표 키토 고추장을 완성하고 나서 그 고추장을 이용해 제일 처음 만든 게 고추장찌개였어요. 고추장찌개에 의외의 재료인 토마토를 넣으면 감칠맛이 더해지고 맛이 순해져서 훨씬 맛있답니다. 고기와 채소에 토마토도 넣고 끓인 고추장찌개는 꼭 스튜를 먹는 것 같기도 해서 한 끼 식사로도 든든해요. 완성된 찌개에서 토마토 맛이 느껴지진 않아요.

 재료 (3~4인분)

- 구이용 **돼지 목살**(혹은 불고기용 소고기) 400g
- 토마토 300g
- 주키니 300g
- 양파 100g
- 팽이버섯 100g
- **진주표 키토 고추장**(266쪽 참조) 4큰술
- 국간장 1큰술
- 다진 마늘 1/2큰술
- 대파 1/2대
- 라드 1큰술
- 소금 약간

 만들기 (준비와 조리 30분)

1. 돼지 목살(혹은 불고기용 소고기)은 먹기 좋게 한입 크기로 자른다.
2. 주키니는 길이로 4등분한 후 1cm 두께로 도톰하게 썰고 양파는 사방 2cm 크기로 자른다. 토마토는 6~8등분으로 잘라놓고 대파는 어슷하게 썬다.
3. 냄비에 라드를 녹이고 1의 고기와 진주표 키토 고추장을 넣어 볶는다.
4. 고기의 색이 변하면 2의 주키니, 양파, 토마토를 넣고 물 600ml와 팽이버섯, 다진 마늘을 넣어 끓인다.
5. 채소들이 부드럽게 익으면 국간장과 대파를 넣어 조금 더 끓인 후 모자라는 간은 소금으로 맞춘다.

 TIP 채소가 충분히 익도록 끓여주세요. 토마토는 형체 없이 거의 뭉그러지지만 그로 인해 국물이 더 맛있어져요.

김치청국장찌개

1인분 : 칼로리 **414kcal** | 지방 **27.1g** | 탄수화물 **16.8g** | 식이섬유 **4.2g** | 단백질 **27.7g**

> 키토식에서 발효되지 않은 콩 식품은 가능한 한 제한하지만 청국장처럼 발효가 된 것은 발효 과정을 통해 얻을 수 있는 영양적인 이점 때문에 권장하는 식품이에요. 청국장을 즐겨 먹지 않는다면 잘 익은 김치와 돼지고기를 넣어 김치찌개와 청국장찌개의 중간쯤 되는 찌개를 만들어보세요. 제가 청국장찌개를 처음 먹기 시작할 때 만들던 방법인데 김치찌개와 비슷한 맛이라 청국장 초보자도 훨씬 맛있게 먹을 수 있답니다.

 재료 (3인분)

- 돼지 앞다리살 300g
- 청국장 170g
- 잘 익은 김치 150g
- 애호박 100g
- 양파 100g
- 대파 1/2대
- 라드 2큰술
- 멸치 가루 1작은술
- 홍고추 1개
- 소금이나 김치 국물 약간

 만들기 (준비와 조리 20분)

1. 돼지 앞다리살은 한입 크기로 먹기 좋게 자르고 김치도 한입 크기로 잘라 놓는다.
2. 애호박은 4등분한 후 부채꼴 모양으로 도톰하게 자르고 양파는 사방 2cm 크기로 자른다. 홍고추와 대파는 어슷하게 썰어둔다.
3. 냄비에 라드를 녹이고 김치와 앞다리살을 볶는다.
4. 돼지고기의 겉면 색깔이 변하면 물 600ml, 애호박, 양파, 멸치 가루를 넣고 끓인다.
5. 애호박이 익으면 청국장을 넣어 잘 풀어주고 대파와 홍고추를 넣어 조금 더 끓인다.
6. 간이 부족하면 소금이나 김치 국물을 넣는다.

 1. 김치청국장찌개에 들어가는 돼지고기 앞다리살은 비계와 껍질이 있는 것을 사용하면 더 맛있어요.

2. 부족한 간을 김치 국물로 맞추면 맛있어요.

코다리달걀탕

1인분 : 칼로리 **389kcal** | 지방 **19.9g** | 탄수화물 **4.4g** | 식이섬유 **1.8g** | 단백질 **46g**

> 황태나 북어 대신 코다리에 무와 콩나물을 넣고 국을 끓이면 북엇국과는 또 다른 순하고 고소한 맛의 국물 요리가 됩니다. 건더기가 풍족해서 훨씬 든든하기도 하고요. 기름에 볶거나 무친 나물 반찬을 곁들이면 훌륭한 한 끼 식사가 될 거예요.

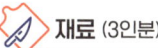 **재료** (3인분)

- 코다리 500g
- 콩나물 200g
- 무 100g
- 달걀 3개
- 생들기름 3큰술
- 국간장 1큰술
- 어간장 1작은술
- 고춧가루 1작은술
- 다진 마늘 1/2작은술
- 대파 1/3대
- 소금 약간

 만들기 (준비와 조리 20분)

1. 코다리는 가위로 지느러미를 잘라내고 씻은 후 체에 받쳐놓는다. 무는 얇게 나박나박 썰고 대파는 어슷하게 썰어놓는다.

2. 냄비 바닥에 무를 깔고 코다리를 얹은 후 그 위에 콩나물을 얹는다. 콩나물 위로 생들기름, 국간장, 어간장, 고춧가루, 다진 마늘을 고루 뿌린 후 물 800ml를 부어 불에 올린다. (뚜껑을 덮지 않는다.)

3. 국물이 끓으면 중간 불에 10분 정도 끓인 후 대파를 넣고 살짝 더 끓인다.

4. 국물의 모자라는 간은 소금으로 맞추고 약한 불로 줄인다. 달걀에 소금을 넣어 잘 풀어준 후 국물에 골고루 부어 살짝만 저은 후 불을 끈다.

 오래 끓이는 국이 아니기 때문에 무는 두껍게 썰지 않는 게 좋아요.

코다리된장찌개

1인분 : 칼로리 **252kcal** | 지방 **8.4g** | 탄수화물 **5.8g** | 식이섬유 **1g** | 단백질 **36.5g**

> 코다리를 넣은 된장찌개는 어릴 때 먹던 겨울 반찬이었어요. 된장국보다는 좀 더 진하고, 된장찌개보다는 약간 싱겁게 먹던 찌개인데 다른 집에선 안 해 먹는지 듣는 사람마다 신기해하더라고요. 저는 코다리와 된장 국물의 조합을 좋아해서 결혼 후에도 가끔 만들곤 했는데 키토식을 시작한 이후에는 버터를 조금 넣어 끓여요. 코다리의 감칠맛이 우러난 된장 국물과 버터 향의 조화가 꽤 괜찮거든요.

 재료 (3~4인분)

- **코다리** 600g
- **무** 150g
- **집된장** 3큰술
- **멸치 가루** 2작은술
- **대파** 1/2대
- **다진 마늘** 1½작은술
- **버터** 30g
- **국간장** 약간

 만들기 (준비와 조리 30~40분)

1. 무는 0.5cm 두께의 한입 크기로 잘라놓고 대파는 어슷하게 썰어놓는다.
2. 코다리는 지느러미를 가위로 자른 후 씻어놓는다.
3. 물 900ml를 냄비에 담고 무와 멸치 가루를 넣어 불에 올린다.
4. 3의 물이 끓으면 된장을 풀고 다시 끓어오르면 코다리를 넣어 끓인다.
5. 무와 코다리가 익으면 다진 마늘을 넣고 모자라는 간은 국간장으로 맞춘다.
6. 버터와 대파를 넣고 한소끔 끓인다.

고등어추어탕

1인분 : 칼로리 **297kcal** | 지방 **19.8g** | 탄수화물 **9.3g** | 식이섬유 **3.8g** | 단백질 **23.6g**

> 동생이 유학생이던 시절, 동생네 냉동실에서 언제 사두었는지 기억도 안 난다는 고등어 두 마리를 발견했어요. 그 고등어를 버리기는 아까워 된장이랑 술과 함께 향신 채소들을 넣고 푹 삶아 추어탕처럼 만들었는데 예상 외로 꽤 맛있었어요. 그때 기억이 나서 고등어 캔으로 간편하게 만들어봤어요. 얼갈이배추나 알배기 배추를 넉넉히 넣고 뻑뻑하게 끓인 고등어 추어탕은 한그릇 먹고나면 아주 든든해요. 맛도 꽤 그럴듯해서 통조림으로 만들었다고는 상상도 못할 거예요.

 재료 (넉넉한 3인분)

- 고등어 캔 400g 1개
- 집된장 2큰술
- 고춧가루 2큰술
- 라드 2큰술
- 얼갈이배추(또는 알배기 배추) 300g
- 다진 마늘 2작은술
- 대파 1/2대
- 소금 약간
- 청양고추 2개
- 홍고추 1개

- 선택 사항
  방아 잎, 제피 가루, 들깻가루 등

 만들기 (준비와 조리 20분~30분)

1. 얼갈이배추는 씻어서 5cm 길이로 잘라두고 대파는 어슷하게 썰어둔다. 청양고추와 홍고추는 반 갈라 씨를 제거한 후 잘게 다져놓는다.
2. 고등어 캔의 국물은 따라 버리고 건더기만 건져 볼에 담은 후 집된장과 고춧가루를 넣어 숟가락으로 고등어를 잘게 으깨어주며 섞는다.
3. 냄비에 라드를 녹이고 2의 고등어를 넣어 고루 뜨거워질 정도로 볶는다.
4. 3에 물 800ml를 부어 끓인다.
5. 국물이 끓으면 준비해 둔 얼갈이배추를 넣고 얼갈이배추가 부드럽게 익을 때까지 끓인다.
6. 다진 마늘과 대파를 넣고 모자라는 간은 소금으로 맞춘 후 맛이 들도록 조금 더 끓인다.
7. 입맛에 따라 방아 잎, 제피 가루, 들깻가루 등을 넣은 후 다져놓은 고추를 얹어 먹는다.

 1. 방아 잎은 독특한 향이 강해서 고수만큼 호불호가 갈리는 향신 채소예요. 저와 남편은 처음에는 진저리를 쳤지만 비린내를 잡고 산뜻한 맛을 내주기 때문에 지금은 넣어서 먹는 걸 좋아해요.

2. 평소 추어탕에 넣는 취향대로 방아 잎, 제피 가루, 들깻가루 등을 넣어 먹으면 됩니다. 다진 고추는 잘 어울리니 꼭 넣어서 드세요.

얼큰 숙주삼겹탕

1인분 : 칼로리 **556kcal** | 지방 **44.1g** | 탄수화물 **9.7g** | 식이섬유 **3.7g** | 단백질 **28.6g**

> 늘 냉동실에 상비해 두는 삼겹살로 얼큰하게 끓인 탕이에요. 고추장을 넣어 묵직하면서도 새우젓으로 간을 해 깔끔하고 감칠맛이 있어요. 간단한 재료로 후루룩 끓여 먹을 수 있어 바쁘고 피곤한 날 저녁 메뉴로 아주 좋아요. 한 그릇 뜨끈하게 먹고 나면 '얼큰하고 기름기 가득한 탕이 다이어트 건강식이라니, 해피 키토!'를 외치게 될 거예요.

 **재료** (2인분)

- 대패삼겹살 300g
- 무 60g
- 숙주 200g
- 진주표 키토 고추장(266쪽 참조) 2큰술
- 고춧가루 2작은술
- 국간장 1작은술
- 대파 1/3대
- 다진 마늘 1작은술
- 멸치 가루 1작은술
- 새우젓 적당량
- 깻잎 4~5장(선택)

 만들기 (준비와 조리 20분)

1. 무는 연필을 깎듯 한입 크기로 삐져 자르고 대파는 어슷하게 잘라둔다.

2. 냄비에 대패삼겹살, 무, 고춧가루, 국간장을 넣어 중간 불에 볶는다.

3. 삼겹살의 색이 어느 정도 변하고 냄비 바닥에 빨간 기름기가 돌면 물 500ml를 붓고 진주표 키토 고추장과 멸치 가루를 넣어 무가 익을 때까지 끓인다.

4. 무가 부드럽게 익으면 다진 마늘을 넣고 조금 더 끓인 후 숙주와 대파를 넣는다.

5. 국물이 끓어오르고 숙주가 살짝 익으면 새우젓으로 간을 맞춘다.

6. 깻잎(선택)이 있다면 찢어서 넣고 섞은 후 불에서 내린다.

 1. 3번 과정에서 적어도 5분 이상은 끓여주세요. 무가 익을 시간도 필요하지만 멸치 가루를 넣고 최소한 5분은 끓여야 멸치 비린내가 날아가고 감칠맛만 남아요.

2. 맛있는 국물을 내려면 멸치 가루를 꼭 넣으세요. 완성된 국물에서는 멸치 맛이 나지 않는 답니다.

장어탕

1인분 : 칼로리 **274kcal** | 지방 **6.3g** | 탄수화물 **11g** | 식이섬유 **3.2g** | 단백질 **43.3g**

> 여름이면 엄마가 손질된 바닷장어를 사주세요. 보통은 구워서 먹는데 한번은 장어탕이 먹고 싶어서 만들어보았어요. 저는 손질이 다 되어 뼈가 발린 장어로 만들었지만 뼈까지 있는 걸로 푸욱 고아 만들면 국물이 더 맛있게 우러나서 좋겠지요. 얼갈이배추와 숙주 등 채소를 듬뿍 넣고 마지막에 방아 잎을 넣어 끓이면 경상도 지역의 특색이 있는 장어탕이 됩니다.

 재료 (5인분)

- 손질된 장어 1kg
- 얼갈이배추 600g
- 숙주 200g
- 양파 200g
- 대파 100g
- 집된장 2큰술
- 고춧가루 1큰술
- 마늘 5쪽
- 생강(엄지손가락 크기) 1쪽
- 국간장 약간
- 후추 약간
- 방아 잎 약간(선택)

 만들기 (준비와 조리 1시간 남짓)

1. 압력솥에 장어와 생강, 마늘을 넣고 충분히 잠기게 물을 부어 뚜껑을 닫은 후 불에 올린다. 압력솥의 추가 올라가면(추가 돌면) 약한 불로 줄여 10분간 익힌 후 불을 끈다.

2. 압력솥의 압력이 빠지면 뚜껑을 열어 생강을 건져내고 감자 으깨는 도구로 장어 살을 으깬다.

3. 압력솥에 장어를 익히는 동안 얼갈이배추는 적당한 길이로 잘라 끓는 소금물에 데친 후 찬물에 헹궈 물기를 꼭 짜 놓는다. 양파는 채 썰어 두고 대파는 어슷하게 썰어둔다.

4. 3의 얼갈이배추에 된장과 고춧가루를 넣고 조물조물 버무려 2의 장어 국물에 넣고 숙주와 채 썬 양파를 넣어 함께 끓인다.

5. 채소가 부드럽게 익으면 국간장과 후추로 간을 맞추고 대파를 넣어 한소끔 더 끓인다.

6. 방아 잎(선택)을 넣는다.

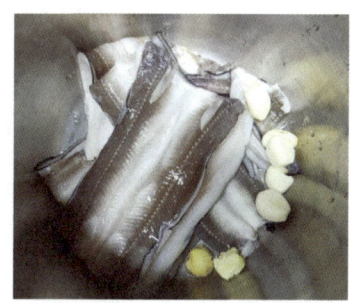

 뼈가 있는 장어를 이용해 만들 땐 압력솥에서 익히는 시간을 조금 더 길게 잡아주세요. 장어가 푹 익으면 핸드 블렌더를 이용해 뼈째 갈아서 만들면 됩니다.

111 소고기버섯전골

1인분 : 칼로리 **612kcal** | 지방 **41.9g** | 탄수화물 **14.9g** | 식이섬유 **4.7g** | 단백질 **41.9g**

> 매콤하게 만든 소고기버섯전골을 좋아하는데 육수를 뭘 쓰는지에 따라 두 가지 버전의 전골을 만들 수가 있어요. 기름기를 걷어내지 않은 홈 메이드 사골 육수를 사용하면 녹진하면서도 깊은 맛의 전골이 되고(고지방식이 되기도 하지요), 멸치 육수를 사용해서 만들면 칼칼하면서도 깔끔한 '등촌동 버섯 수제비' 같은 느낌의 전골이 됩니다. 소고기는 이왕이면 지방이 좀 있는 등심 부위를 사용하세요.

 재료 (넉넉한 2인분)

- 소고기 등심 (불고기용) 300g
- 알배기배춧잎 4~5장
- 버섯(여러 종류 섞은 것) 300g
- 대파 1대
- 사골국(또는 멸치 육수) 700ml
  (사골국은 226쪽 참조)

| 소고기용 양념 |

- 리퀴드 아미노스 1큰술
- 에리스리톨 2작은술
- 단맛 없는 증류식 소주 2작은술
- 참기름 1작은술
- 다진 마늘 1/2작은술
- 후추 약간

| 전골용 양념 |

- 고춧가루 2큰술
- 국간장 1큰술
- 어간장 2작은술
- 다진 마늘 1작은술
- 후추 약간

 만들기 (준비와 조리 20분)

1. 소고기는 너무 크지 않게 두어 번 잘라 소고기용 양념으로 조물조물 버무려둔다.
2. 전골용 양념은 잘 섞어둔다.
3. 배춧잎은 한입 크기로 자르고 버섯도 종류에 따라 먹기 좋도록 가늘게 자르거나 찢어놓는다. 대파는 어슷하게 썬다.
4. 냄비에 갖은 재료를 담고 전골용 양념을 올린 뒤 사골 국물(혹은 멸치 육수)을 부어 끓여 먹는다.

 1. 멸치 육수가 없으면 찬물 700ml에 멸치 가루 1작은술을 섞어 사용하세요.

2. 시판 사골 국물이라면 간이 되어 있지 않은 제품을 사용해야 전골용 양념을 넣어 끓였을 때 간이 맞아요.

낙지삼계탕

1인분 : 칼로리 **903kcal** | 지방 **60.9g** | 탄수화물 **2.6g** | 식이섬유 **0g** | 단백질 **81.6g**

> 여름이면 삼계탕 한 번 안 먹고 지날 수가 없지요. 닭의 배 안에서 쫀득하게 익은 찹쌀밥을 싫어할 사람이 있을까 싶지만 키토식을 시작한 후 3번째 맞은 올여름엔 그 찹쌀밥이 그립지는 않네요. 찹쌀 대신 보양 재료인 낙지를 넣어서 닭고기 외에 건져 먹는 재미와 국물 맛에 깊이와 시원함을 더한 낙지삼계탕을 만들었어요. 인삼에 다른 한방 재료를 더해도 좋지만 인삼 향을 제대로 즐기기 위해서는 향이 강한 약재는 피하는 게 좋아요. 저는 지인에게 받은 가시오가피가 있어서 넉넉히 넣었어요.

 재료 (2~3인분)

- 닭 12~13호 1마리(1.2kg)
- 인삼 2뿌리
- 마늘 5쪽
- 낙지 2마리
- 가시오가피 5cm 5~6개(선택)
- 송송 썬 대파 약간
- 소금 약간

 만들기 (준비와 조리 1시간 이상)

1. 닭은 배 속과 겉을 깨끗이 씻고 꽁지 부분만 잘라낸다.
2. 큰 냄비에 닭, 인삼, 마늘, 가시오가피를 넣고 닭이 잠길 만큼 찬물을 부어 불에 올린다.
3. 물이 끓으면 중간 불에서 1시간가량, 혹은 닭이 충분히 익고 국물이 우러날 때까지 삶는다. 중간중간 떠오르는 거품은 걷어낸다.
4. 소금으로 국물의 간을 맞추고 낙지를 넣어 살짝만 익힌다.
5. 낙지를 먹기 좋게 잘라주고 송송 썬 대파를 얹어 낸다.

1. 닭고기의 발목뼈가 드러날 정도가 되면 닭고기가 적당히 익은 거예요.
2. 백김치(282쪽 참조)나 만능 장아찌(114쪽 참조)를 곁들이면 자극적이지 않으면서도 맛 궁합이 좋은 한 끼 구성이 됩니다.

뼈다귀해장국

1인분 : 칼로리 **604kcal** | 지방 **46.6g** | 탄수화물 **11.3g** | 식이섬유 **3.5g** | 단백질 **34.9g**

> 집 근처에 가끔 뼈다귀해장국을 먹으러 가는 식당이 있어요. "밥 없이 우거지 많이요." 이렇게 주문해 먹으면 꽤 괜찮은데, 곁들여 나오는 김치들이 너무 달아서 먹을 수가 없는 게 흠이에요. 집에서 좋은 재료로 만들어 잘 익은 김치와 함께 먹으면 아무런 걱정이 없겠지요. 고기랑 채소를 넉넉히 넣어서 만든 해장국은 한 그릇만 먹어도 포만감이 최고예요.

 재료 (8인분)

- 돼지 등뼈 3kg
- 양파 1개
- 생강 2쪽(각각 엄지손가락 크기)
- 단맛 없는 증류식 소주 4큰술
- 집된장 2큰술
- 얼갈이배추 600g
- 대파 1대
- 깻잎순 200g
- 먹을 때 넣을 여분 깻잎순 약간
- 여분 국간장 혹은 소금

| 양념장 |

- 집된장 2큰술
- 진주표 키토 고추장(266쪽 참조) 1큰술
- 고춧가루 3큰술
- 국간장 3큰술
- 들깻가루 4큰술
- 다진 마늘 2큰술
- 후추 약간

 만들기 (핏물 빼기 반나절, 조리 2시간)

1. 돼지 등뼈에 찬물을 부어 중간에 물을 갈아주며 반나절 동안 핏물을 빼낸다. (여름에는 냉장고에 둔다.)

2. 핏물을 뺀 등뼈를 큰 냄비에 담고 잠기도록 물을 부은 후 불에 올려 끓으면 물을 버리고 등뼈와 냄비를 찬물에 씻는다.

3. 양파는 8등분으로 큼직하게 잘라두고 생강은 큼직하게 2~3등분해 놓는다. 얼갈이배추는 씻어 큼직하게 4~5등분한다.

4. 냄비에 2의 등뼈를 담고 찬물 4L를 부은 후 3의 양파, 생강을 넣고 소주와 된장을 넣고 풀어 불에 올린다.

5. 물이 끓기 시작하면 중간 불로 줄여 1시간 30분간 뚜껑을 열고 끓인다.

6. 분량의 재료를 섞어 양념장을 만들어 끓는 국물에 풀고 3의 얼갈이배추를 넣고 20~30분간 얼갈이배추가 부드럽게 익도록 끓인다.

7. 대파를 어슷하게 썰어 넣고 부족한 간은 국간장이나 소금으로 맞춘다.

8. 깻잎순을 넣고 숨이 살짝 죽으면 불에서 내린다.

 1. 향신 재료를 넣고 돼지 등뼈를 익히는 동안은 뚜껑을 열고 끓여야 잡내가 날아가요.

2. 해장국을 오래 두고 먹을 경우에는 얼갈이배추가 물러져요. 얼갈이배추 대신 불린 시래기를 넣으면 좀 덜 물러져요.

3. 깻잎순을 분량대로 넣어서 해장국을 끓여두고 덜어서 데워 먹을 때 깻잎순을 적당량 추가해 먹으면 좋아요.

동대문 닭한마리

1인분 : 칼로리 **1,188kcal** | 지방 **77.4g** | 탄수화물 **22.1g** | 식이섬유 **9.1g** | 단백질 **102.1g**

> 일반식을 할 때 남편이랑 가끔 동대문으로 닭한마리 칼국수를 먹으러 가곤 했는데 주로 여름에 갔나 봐요. 닭한마리 칼국수 하면 선풍기 바람을 맞으며 땀 흘리면서 먹던 기억이 나거든요. 키토식 '동대문 닭한마리'는 동대문의 닭한마리 칼국수에서 칼국수와 큼직한 감자를 빼는 대신 건져 먹을 채소를 넉넉히 넣어 만들었어요. 채소와 고기를 찍어 먹는 양념장이 있어야 동대문 닭한마리 느낌이 나니 양념장을 곁들여보세요.

 재료 (넉넉한 2인분)

- 닭볶음탕용 닭 1kg
- 애호박 100g
- 새송이버섯 200g
- 대파 1대
- 부추 100g
- 다진 마늘 1작은술
- 국간장 1큰술
- 소금 약간
- 후추 약간

| 국물용 채소 |
- 양배추 200g
- 대파 1대
- 양파 100g

| 찍어 먹을 양념장 |
- 리퀴드 아미노스 2큰술
- 애플사이더 식초 2큰술
- 고춧가루 1큰술
- 연겨자 1작은술
- 에리스리톨 1작은술
- 통깨 1작은술

 만들기 (준비와 조리 1시간)

1. 국물용 채소 중 양배추는 사방 3cm 크기로 자르고 대파는 2~3등분하고 양파는 덩어리째로 둔다. (대파와 양파는 건져낼 것이므로 작게 자르지 않는다.) 닭은 씻어서 체에 밭쳐 물기를 빼둔다.

2. 애호박은 1cm 두께의 도톰한 반달 모양으로 썰고 새송이버섯은 적당한 길이로 잘라 얇게 썰어둔다. 대파는 2cm 길이로 송송 자르고 부추는 5cm 길이로 잘라둔다.

3. 1의 닭과 국물용 채소를 냄비나 웍에 담고 찬물을 넉넉히 부은 후 불에 올린다. 끓기 시작하면 30분간 중강 불에서 익힌다.

4. 3에서 양파와 대파를 건져내고 2의 애호박, 새송이, 대파를 넣어 끓인다.

5. 양념장 재료를 모두 섞어둔다.

6. 애호박이 익으면 다진 마늘과 국간장을 넣고 소금과 후추로 간을 맞춘다.

7. 부추를 넣고 숨이 살짝 죽으면 채소와 닭고기를 양념장에 찍어 먹는다.

 좀 더 큰 닭을 사용하면 3인분은 충분히 될 양이에요.

무닭볶음탕

1인분 : 칼로리 **907kcal** | 지방 **48.6g** | 탄수화물 **21g** | 식이섬유 **8.6g** | 단백질 **94.4g**

> 칼칼한 국물에 건더기도 풍성한 닭볶음탕은 닭고기 한 팩으로 만들 수 있는 만족감 높은 요리이지요. 진주표 키토 고추장 탄생으로 좀 더 일반식 맛에 가까운 닭볶음탕을 만들 수 있게 되었어요. 양념맛이 배어든 부드러운 무와 자작한 국물에 볶아진 곤약면은 닭볶음탕을 더욱 풍성하게 해주고 건져먹는 재미를 줍니다.

 재료 (2~3인분)

- 닭볶음탕용 닭 1kg
- 무 300g
- 양파 100g
- 대파 1대
- 곤약면 200g
- 깻잎 20장
- 소금 약간

| 양념장

- 고춧가루 2큰술
- 진주표 키토 고추장(266쪽 참조) 2큰술
- 양파 100g
- 마늘 2쪽
- 단맛 없는 증류식 소주 3큰술
- 리퀴드 아미노스 2큰술
- 국간장 1큰술
- 에리스리톨 2큰술
- 참기름 1작은술
- 생강가루 1/3작은술
- 후추 약간

 만들기 (준비와 조리 약 40분)

1. 무는 사방 3~4cm 크기로 잘라 모서리를 둥글게 돌려 깎아 놓는다. 건더기용 양파(100g)는 3cm 크기로 깍둑 썰고 대파는 어슷하게 썬다. 곤약면은 찬물에 헹궈 체에 밭쳐두고 깻잎은 손으로 뜯어놓거나 두껍게 채 썰어 준비한다.

2. 양념장 재료를 모두 미니 믹서에 갈아 섞어놓는다.

3. 웍(궁중팬)이나 냄비에 닭이 충분히 잠길 정도로 물을 담고 소금을 약간 넣어 끓인다.

4. 3의 물이 끓으면 닭을 넣어 5분간 끓인 후 웍과 닭을 찬물에 헹군다.

5. 웍에 1의 무와 양파, 2의 양념장, 4의 닭을 넣고 물 500ml를 부어 센불에 끓인다.

6. 국물이 끓으면 불을 중불로 낮추고 뚜껑을 연 채로 10분간 더 끓인다. (가끔 국물을 재료 위로 고루 끼얹어준다)

7. 약불로 줄인 후 뚜껑을 살짝만 열어 10분간 더 익힌다.

8. 대파와 곤약면을 넣고 2~3분간 익힌 후 깻잎을 넣어 섞어주고 불에서 내린다.

 1. 무의 모서리를 돌려 깎아서 넣으면 무가 잘 부스러지지 않고 형태가 유지돼요.
2. 곤약면은 면모양으로 만들어놓은 곤약을 말하는데 중면 굵기의 실곤약, 우동면 모양, 칼국수 모양 등 여러 종류가 있어요. 그 중 어느 것이던 사용해도 되지만 닭볶음탕용으로는 칼국수 모양을 추천해요.

CHAPTER 7

키토 한식을 완성하는
장 / 젓갈 / 김치

진주표 키토 고추장

1큰술 : 칼로리 **19kcal** | 지방 **1g** | 탄수화물 **3.1g** | 식이섬유 **1.9g** | 단백질 **0.8g**

> 키토식을 하면서 웬만한 양념들은 대체할 재료를 찾았지만 고추장만큼은 그 특유의 맛을 내는 대체 양념이 없었어요. 많은 분이 아쉬워하고 그리워하는 맛이라 《해피 키토 한식》을 기획하면서 키토식에서 먹을 수 있는 고추장부터 만들어봐야겠다고 생각했지요. 여러 번의 시도 끝에 고추장과 흡사한 맛의 키토 고추장을 완성해 만드는 법을 공개했는데 많은 분들이 만들어보고 좋아했어요. 키토 고추장은 개인적으로도 아주 만족스러운 결과물이고, 이 덕분에 키토식에서도 손쉽고 맛있게 즐길 수 있는 한식 메뉴의 범위가 넓어졌어요.

 재료 (약 19큰술 분량)

- 고춧가루 100g
- 생수 130g
- 단맛 없는 증류식 소주 3큰술
- 에리스리톨 40g
- 꽃소금 15g
- 메줏가루 10g

 만들기 (준비와 조리 10분 미만)

1. 고춧가루는 미니 믹서에 곱게 갈아놓는다.
2. 생수에 소주, 에리스리톨, 꽃소금을 녹인 후 메줏가루를 넣어 멍울 없이 잘 푼다.
3. 2에 1의 고춧가루를 넣고 고루 섞는다.
4. 냉장고에 넣어 하루 숙성시킨 후 먹는다.

 TIP 진주표 키토 고추장은 정석대로 만든 발효 식품이 아니고 '고추장 맛을 낸 양념'이기 때문에 냉장 보관해야 해요. 밀폐해서 냉장 보관 시 3개월 정도는 괜찮아요. 깨끗한 스푼으로 덜어서 사용하세요.

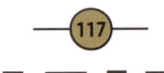

초고추장

1인분(1큰술 정도) : 칼로리 **21kcal** | 지방 **1.7g** | 탄수화물 **1.6g** | 식이섬유 **1g** | 단백질 **0.5g**

> 진주표 키토 고추장 덕분에 초고추장도 만들 수 있게 되었네요. 초고추장 하면 회를 먼저 떠올리지만 전류를 찍어 먹어도 맛있답니다. 특히 버섯전을 초고추장에 찍어 먹으면 잘 어울려요. 초고추장의 신맛은 식초로만 내도 좋지만 레몬즙을 함께 넣어보세요. 훨씬 산뜻하고 맛있는 초고추장이 됩니다.

 **재료** (4인분)

- 진주표 키토 고추장(266쪽 참조) 2큰술
- 애플사이더 식초 1큰술
- 레몬즙 1큰술
- 에리스리톨 2~3작은술
- 리퀴드 아미노스 1작은술
- 생들기름이나 참기름 1작은술
- 통깨 1/2작은술

 만들기 (준비와 조리 5분 미만)

모든 재료를 섞은 후 에리스리톨이 잘 녹도록 고루 저어준다.

 1. 레몬즙을 비닐 얼음팩에 넣어 얼려 보관하면 언제든 필요할 때 사용할 수 있어요.(25쪽 참조).

2. 레몬즙이 없으면 애플사이더 식초로 대신해도 좋아요.

견과류 쌈장

1인분(30g) : 칼로리 **108kcal** | 지방 **9.3g** | 탄수화물 **4g** | 식이섬유 **1.2g** | 단백질 **3.6g**

> 예전 같으면 견과류를 볶거나 구워 고소한 맛을 더 증폭시켜 만들었겠지만, 지금은 견과류에 함유된 불포화 지방산의 산화 방지를 위해 가열은 피하려 해요. 고기와 함께 먹어도 좋고 고등어 구이나 회 같은 생선류에 견과류 쌈장을 올려 쌈을 싸 먹으면 맛있고 훌륭한 식사가 됩니다.

 **재료** (7인분)

- 집된장 4큰술
- 진주표 키토 고추장(266쪽 참조) 2큰술
- 생들기름 2큰술
- 에리스리톨 1작은술
- 다진 마늘 1/2큰술
- 호두 30g · 호박씨 20g
- 햄프시드 10g
- 통깨 1작은술

 만들기 (준비와 조리 5분)

1. 호두와 호박씨는 살짝 다진다. 씹히는 맛이 있도록 너무 잘게 다지지 않도록 한다.

2. 모든 재료를 볼에 담아 고루 섞는다.

 호두, 호박씨, 햄프시드, 통깨를 사용했지만 다른 견과류가 있다면 대체해도 좋아요. 단, 견과류 종류에 따라 탄수화물 량이 꽤 높은 것도 있으니 주의하세요.

―― 119 ――
진주표 키토 마요네즈

1인분(2큰술) : 칼로리 **258kcal** | 지방 **28.4g** | 탄수화물 **0.5g** | 식이섬유 **0g** | 단백질 **0.7g**

> 마요네즈는 한식 양념은 아니지만 만들어두면 아주 요긴한 키토식 재료예요. 특별한 도구 없이 손거품기 하나로 오일을 '조금씩' 넣으며 저어주는 것만 기억하면 아주 쉽게 진주표 키토 마요네즈를 만들 수 있어요.

 재료 (4인분)

- 달걀노른자 1개
- 머스터드소스 10g
- 화이트 발사믹 식초(혹은 애플사이더 식초) 2작은술
- 소금 1/4작은술
- 올리브 오일 1/4컵
- 아보카도 오일 1/4컵
- 후추 약간

※1컵 = 240ml

만들기 (준비와 조리 5분)

1. 달걀노른자, 머스터드소스, 발사믹 식초, 소금을 볼에 담는다.
2. 1을 손거품기로 저어 고루 섞는다.
3. 올리브 오일을 조금씩 넣어가며 거품기로 계속 저어준다. 올리브 오일을 다 넣고 나면 아보카도 오일을 조금씩 넣어가며 거품기로 계속 저어준다.
4. 오일을 모두 넣은 후 원하는 농도가 나오도록 거품기로 좀 더 저어준 후 후추를 넣어 섞는다.

※진주표 키토 마요네즈는 맛과 농도가 홀랜다이즈 소스와 비슷해요. 채소 스틱이나 브로콜리 같은 채소를 데쳐서 마요네즈에 찍어 먹으면 그것만으로도 손색없는 반찬이 됩니다.

TIP
1. 올리브 오일만 사용해 마요네즈를 만들면 쓰고 매운맛이 강해지기 때문에 아보카도 오일을 반씩 섞었어요. 하지만 아보카도 오일만 사용해 만들거나 올리브 오일에 비해 아보카도 오일의 양이 압도적으로 많으면 마요네즈가 잘 만들어지지 않아요.

2. 완성한 마요네즈는 냉장 보관하는데, 이때 온도가 너무 낮거나 보관 시간이 지나치게 길어지면 오일이 따로 분리될 수 있어요. 냉장고 속 냉기가 너무 세지 않은 칸에 보관하고, 일주일 안에 먹는 게 좋아요.

3. 머스터드소스는 맛도 좋게 하지만 재료를 유화시키는 데에도 도움을 주니 빠트리지 말고 넣어주세요. 머스터드소스는 옐로우 머스터드, 디존 머스터드, 혹은 알갱이가 약간 있는 머스터드 등 어느 것이든 사용해도 좋아요.

새우젓

1큰술 : 칼로리 **8kcal** | 지방 **0.1g** | 탄수화물 **0.4g** | 식이섬유 **0g** | 단백질 **1.4g**

> 새우젓은 조미료 없이 새우, 소금, 물만으로 만들어진 제품도 많기 때문에 굳이 만들 필요가 없지만 어렵지도 않고 재료 구하기도 쉬우니 직접 만들어보는 것도 재미있답니다. 김장철이 시작되는 무렵부터 새우젓을 만들기에 좋은 작은 생새우를 많이 팔아요. 새우젓은 만들어두면 감칠맛 내는 요리용 양념으로도, 삶은 고기를 찍어 먹기에도 좋아 이리저리 쓸모가 많아요. 젓갈을 만들어보고 싶다면 새우젓으로 첫 도전을 해보세요.

 재료 (1.8kg 분량)

- 생새우(김장용 잔새우) 1kg
- 김치용 **천일염** 200g
- 소금물(생수 500ml + 김치용 천일염 100g)
- 소금 약간(새우 씻을 때 사용)

 만들기 (소금물 만들어 식히기 두어 시간, 조리 5분, 숙성 약 한 달)

1. 소금물을 만들어 끓인 후 완전히 식혀놓는다.
2. 새우는 체에 밭쳐 옅은 소금물에 살짝 흔들어 씻은 후 물기를 빼놓는다.
3. 새우에 천일염을 넣어 살살 버무려 유리병 같은 속이 깊은 용기에 담는다.
4. 용기에 담은 새우 위로 1의 소금물을 붓는다. 이때 새우 표면이 노출되지 않고 소금물에 잠겨야 한다.
5. 새우젓을 냉장고에 한 달 이상 두었다가 뚜껑을 열어보아 맛있는 젓갈 냄새가 나면 냉동실로 옮겨 보관하며 먹는다.

1. 산지에서 새우젓을 만들 땐 안 씻고 소금에 바로 버무린다는데, 저는 유통 과정에서 어땠을지 몰라 소금물에 한 번 씻어 만들어요. 씻더라도 슬쩍 헹구듯 씻어주세요.
2. 새우젓은 냉장실에 두면 계속 삭기 때문에 적당히 익힌 뒤에는 냉동 보관하며 먹습니다. 시판 새우젓 역시 구입 후에는 냉동실에 두고 먹어야 변하지 않고 오래 먹을 수 있어요. 염도가 높아 냉동실에서도 얼지 않거든요.

매가리젓

1큰술 : 칼로리 **32kcal** | 지방 **2.1g** | 탄수화물 **0.1g** | 식이섬유 **0g** | 단백질 **2.6g**

> 전갱이를 매가리라고도 부르는데, 새끼 매가리로 젓갈을 담그면 아주 구수하고 맛있는 젓갈이 됩니다. 잘 익은 살을 발라 잘게 썰어 양념에 무치면 초강력 밥도둑이 되었'고요, 남도식 진한 김치 맛을 낼 때에도 유용한 재료로 쓰이기 때문에 겨울이 되면 산지에서 싱싱한 매가리를 주문해 젓갈을 담갔었지요. 키토식을 시작한 이후로는 사용할 일이 별로 많지 않아 키토식을 하기 전에 만들어둔 젓갈을 아직도 사용하고 있어요. 매가리 살을 발라 무쳐 먹을 일이 없다면 볕이 들지 않고 시원한 장소에 몇 년 보관했다가 매가리의 형태가 없어질 정도로 곰삭았을 때 체에 걸러 냉장고나 시원한 곳에 보관하며 양념으로 사용하면 됩니다. 제주 지역에서 빡빡한 멸치젓으로 만든 멜젓 소스에 돼지고기를 찍어 먹는 것처럼 매가리젓으로 고기용 소스를 만들어도 아주 맛있어요. 키토식에 꼭 필요한 양념은 아니지만 생선 젓갈을 담그는 법이 궁금한 분들을 위해 매가리젓 만드는 법을 소개할게요.

 **재료** (약 6kg)

- 산지에서 바로 받은 **매가리** 5kg
- 김치용 **천일염** 1~1.5kg
- 웃소금용 **천일염** 적당량

 만들기 (준비와 조리 15분, 숙성 1년 이상)

1. 소금물을 만들어 매가리를 한 번 가볍게 씻은 후 체에 밭쳐 물기를 뺀다.
2. 물기 뺀 매가리와 소금을 고루 섞은 후 유리병에 차곡차곡 눌러 담는다.
3. 매가리 위에 웃소금을 뿌려준 후 비닐로 표면을 밀착시켜 덮어준다.
4. 며칠 후 국물이 생기고 부피가 줄어들면 비닐을 눌러주어 표면과 밀착시킨 후 비닐 위로도 웃소금을 넉넉히 뿌려준다.
5. 서늘한 곳에 보관하며 1년 이상 익힌다.

TIP
1. 생선 젓갈을 만들 때 소금의 양은 생선 무게의 20~30% 정도를 잡으면 적당해요. 저는 20%의 소금을 넣어 버무리고 웃소금을 넉넉히 뿌리는 방식으로 만들었어요. 소금 양이 많으면 상하거나 실패할 확률은 적지만 대신 익히는 데 시간이 좀 더 걸려요.
2. 1년 익힌 후 살을 발라 잘게 썰어 고춧가루, 청양고추, 마늘, 통깨, 생들기름을 넣고 무치면 쌈장으로 먹을 수 있어요.

멸치젓

1큰술 : 칼로리 **32kcal** | 지방 **2.1g** | 탄수화물 **0.1g** | 식이섬유 **0g** | 단백질 **2.6g**

" 싱싱한 생멸치가 시장에 보이면 조금만 사다가 멸치젓을 담가보세요. 생멸치 1kg 정도면 만들기도 번거롭지 않고 작은 병에 바로 담글 수 있기 때문에 보관하기에도 부담스럽지가 않거든요. 멸치의 형태가 없어질 때까지 몇 년을 푹 익혀두면 비린 냄새는 전혀 없이 구수한 향만 나는 빡빡한 멸치젓(진젓)이 됩니다. 멸치 살이 젓갈 국물에 다 녹아들었으니 얼마나 맛있겠어요. 저는 뼈와 가시만 체에 걸러내고 냉장고에 두고 먹어요. 이걸로 삼겹살 찍어 먹을 멜젓을 만들어도 맛있고 김장을 할 때 조금 넣어도 김치 맛이 한층 깊어져요. "

 재료 (진젓 약 500ml 분량)

- 싱싱한 **생멸치** 1kg • 김치용 **천일염** 200g~300g
- 웃소금용 **천일염** 적당량

 만들기 (준비와 조리 10분, 숙성 3년 이상)

1. 소금물을 만들어 생멸치를 한 번 가볍게 씻은 후 체에 밭쳐 물기를 뺀다.
2. 물기 뺀 생멸치와 소금을 고루 섞은 후 유리병에 차곡차곡 눌러 담는다.
3. 멸치 위로 웃소금을 뿌리고 뚜껑을 닫는다.
4. 서늘한 곳에 보관하며 3년 이상 익힌다.
5. 체에 뼈와 가시만 걸러 진젓으로 사용하거나 고운 면포에 한 번 더 걸러 액젓으로 사용한다.

TIP

1. 생선 젓갈을 만들 때 소금의 양은 생선 무게의 20~30% 정도를 잡으면 적당해요.
2. 옛날 어른들은 젓갈을 달여서 사용했지만 아파트 생활이 보편적인 요즘에는 젓갈을 집에서 달이는 건 거의 테러 수준이에요. 오랫동안 충분히 익힌 젓갈은 달이지 않아도 맛이 비리지 않고 구수해서 저는 그냥 사용합니다. 직접 만든 젓갈은 멜젓을 만들거나 하는 용도로 사용하고 일상적으로 사용하는 액젓(어간장)은 달여서 제품으로 나온 것을 사용해요.

삼겹살용 멜젓

1인분 : 칼로리 **25kcal** | 지방 **1.2g** | 탄수화물 **2g** | 식이섬유 **0.5g** | 단백질 **1.7g**

> 직접 담근 멸치젓이 있다면 삼겹살용 멜젓을 언제든 먹을 수 있어요. 시판 멜젓에는 조미료와 설탕이 들어 있어 가끔 한 번쯤은 몰라도 맘껏 먹을 수는 없거든요. 멸치젓을 직접 담그기가 부담스럽다면 멸치 진젓을 구입하거나 멸치 육젓을 구입해 멸치 형태가 없어질 때까지 몇 해 더 삭힌 후 가시를 걸러 진젓을 만들어 사용하면 됩니다.

 재료 (2인분)

- 뼈와 가시만 거른 빡빡한 **멸치젓**(진젓) 1큰술
- 물 2큰술
- 단맛 없는 **증류식 소주** 2큰술
- 잘게 썬 **양파** 2큰술
- **청양고추** 2개
- **홍고추** 약간(선택)
- 다진 **마늘** 1작은술
- **고춧가루** 1/2작은술
- **에리스리톨** 1/2작은술

 만들기 (준비와 조리 10분 미만)

1. 청양고추와 홍고추는 잘게 썰어 준비한다.
2. 모든 재료를 작은 스테인리스 용기나 소스 팬에 담아 불에 올린다.
3. 5분 정도 끓여 맛이 어우러지면 불에서 내린다.

양념 갈치속젓

1인분(20g) : 칼로리 **30kcal** | 지방 **1.6g** | 탄수화물 **2.9g** | 식이섬유 **1g** | 단백질 **1.7g**

> 곰삭은 갈치속젓의 감칠맛은 최고이지요. 저도 아주 좋아하는 젓갈인데 요즘 고깃집에서 고기와 함께 먹을 쌈장으로 양념 갈치속젓이 나오기도 하고, 마트에서 양념된 갈치속젓을 팔기도 하더라고요. 갈치속젓은 말 그대로 갈치의 내장만을 발라내 젓갈을 만든 것인데, 시판 제품은 비린 맛과 짠맛을 잡기 위해 화학 조미료와 당류가 많이 들어 있어 자주 먹기에 적당하지 않아요. 하지만 양념되지 않은 갈치속젓을 구입해 양념해 먹으면 안심하고 마음껏 먹을 수 있답니다. 구입할 땐 갈치 내장과 소금으로만 만들어진 것을 고르면 됩니다. 양념이 안 된 갈치속젓은 짙은 고동색을 띠어요.

 재료 (6~7인분)

- 양념이 안 된 **갈치속젓** 50g
- 양파 50g
- 청양고추 4~5개
- 고춧가루 2큰술
- 에리스리톨 2작은술
- 통깨 2작은술
- 다진 마늘 1작은술
- 생강가루 1/8작은술

 만들기 (준비와 조리 10분 미만)

1. 갈치속젓은 믹서에 곱게 간다.
2. 양파와 청양고추는 잘게 썬다.
3. 곱게 간 갈치속젓에 2의 양파와 고추, 나머지 양념을 모두 넣어 고루 섞는다.
4. 고춧가루가 불고 양파와 고추에서 수분이 나와 맛이 골고루 어우러지도록 두어 시간 두었다가 먹는다.

 물엿이나 설탕 등을 넣지 않기 때문에 양파나 고추 같은 수분 있는 재료가 섞인 후에는 오래 두고 먹지 않는 게 좋아요. 하지만 양념하지 않은 갈치속젓은 그늘진 시원한 곳에 두면 상하지 않고 오랫동안 보관할 수 있어요. 이 경우엔 시간이 지날수록 조금씩 숙성이 되고, 냉동실에 보관할 경우엔 처음 구입했던 상태 그대로 유지됩니다.

오이부추김치

1인분(100g) : 칼로리 **26kcal** | 지방 **0.9g** | 탄수화물 **4.2g** | 식이섬유 **1.7g** | 단백질 **1.2g**

> 오이소박이를 모양내어 만드는 대신 훌훌 버무려 손쉽게 만드는 오이부추김치예요. 익혀 먹는 것보다 싱싱하게 먹는 게 맛있으니 냉장고에 하루 보관해 양념이 고루 들면 바로 먹으면 됩니다.

 **재료** (10인분 이상)

- 오이 큰 것 5개
- 김치용 천일염 3큰술(오이 절이기용)
- 양파 1/4개
- 부추 100g
- 고춧가루 4큰술
- 액젓 3큰술
- 다진 마늘 1큰술
- 통깨 1큰술

 만들기 (절이기 포함 1시간 남짓, 숙성 하룻밤)

1. 오이는 5cm 길이로 자른 후 세로로 4등분한다.
2. 천일염에 물 800ml를 섞어 팔팔 끓인 후 뜨거울 때 1의 오이에 붓는다. 중간중간 한 번씩 뒤섞어주며 한 시간 동안 절인다.
3. 2의 절인 오이는 체에 밭쳐 물기를 뺀다.
4. 양파는 채 썰고 부추는 5cm 길이로 잘라놓는다.
5. 절인 오이와 양파에 고춧가루, 액젓, 다진 마늘, 통깨를 넣어 고루 버무린 후 부추를 넣어 살살 섞는다.
6. 냉장고에 하룻밤 두었다가 먹는다.

 오이김치를 만들 때 2~3번의 방법으로 절여 만들면 시간이 지나도 오이가 무르지 않고 아작거려요. 처음에는 오이에 비해 소금물이 모자란 듯 보이지만 오이에서 수분이 빠지면서 다 잠기게 되니 중간에 한 번씩 위아래를 뒤집어 고루 섞이게 해주세요.

절임 배추로 만드는 백김치

1인분(140g) : 칼로리 **25kcal** | 지방 **0.3g** | 탄수화물 **4.4g** | 식이섬유 **1.9g** | 단백질 **2.6g**

> ❝ 별다른 부재료를 넣지 않고 간단히 만들어봤는데 아주 맛있게 되어서 그 후로는 백김치를 떨어뜨리지 않고 계속 만들어 먹고 있어요. 그러다 보니 고춧가루 들어간 김치를 먹는 양이 확 줄어서 김장도 한 해를 안 했을 정도예요. 시중에서 판매하는 절임 배추를 이용하면 힘들이지 않고 금세 뚝딱 만들 수 있으니 꼭 만들어보세요. ❞

 재료 (약 40인분)

- 절임 배추 5kg
- 무 300g
- 쪽파 50g
- 양파 100g
- 파프리카 40g
- 마늘 3쪽
- 생강 1조각(마늘 1쪽 크기)
- 액젓 2큰술
- 생수 3리터
- 김치용 천일염 3큰술

 만들기 (준비와 조리 1시간 미만)

1. 무, 양파, 파프리카는 채 썰고 쪽파는 4~5cm 길이로 잘라둔다. 마늘과 생강은 얇게 편으로 썰거나 채 썬다.
2. 1에 액젓을 넣어 고루 섞는다.
3. 절임 배추의 잎 부분을 뚝뚝 흐르는 물기가 없을 정도로 대충 짠다.
4. 배춧잎 사이를 군데군데 들추며 액젓에 버무린 2의 소 재료를 조금씩 넣는다. (한 번에 한두 조각씩만 들어가도록 조금씩만 넣는다).
5. 소를 넣은 배추를 자른 면이 위로 가도록 김치통에 차곡차곡 눌러 담는다.
6. 생수 3리터에 김치용 천일염 3큰술을 녹여 5에 붓고 배추가 국물에 잠기도록 눌러준다. (배추가 잠기지 않으면 소금물을 더 만들어 붓는다.)
7. 1~2일(겨울) 실온에 둔 후 새콤하게 익은 냄새가 나고 국물을 떠먹어보아 새콤한 맛이 나면 김치냉장고로 옮겨 보관한다.

 1. 백김치에는 소를 많이 넣지 않아도 되니 거의 넣지 않는 듯 설렁설렁 넣으세요.
2. 백김치는 오래 두면 색도 변하고 맛도 없어지니 조금씩 담가서 금세 먹는 게 좋아요.

절임 배추로 만드는 김장 김치

100g : 칼로리 **27kcal** | 지방 **0.9g** | 탄수화물 **4.9g** | 식이섬유 **2.3g** | 단백질 **2.5g**

> 저는 뭐든 처음 한두 번 만들 때 계량을 정확히 해놓고 이후 같은 음식을 만들 땐 간도 보지 않고 레시피 그대로 만드는 타입이에요. 그러면 요리를 하는 동안 계속 간을 보며 신경 쓰지 않아도 항상 같은 결과물이 나오거든요. 특히 김장은 한 번 담그면 일 년을 두고 먹는 거라 정확한 레시피를 만들기 위해 여러 해에 걸쳐 기록을 하며 계량을 했어요. 김장의 첫 단계인 배추를 절이고 헹구고 물을 빼는 과정은 가장 손이 가는 일이고 배추의 절여진 정도가 매번 달라지면 양념의 간도 달라져야 하는데, 믿을 만한 곳의 절임 배추를 사용하고 정확한 양념 레시피만 있다면 김장은 의외로 수월한 작업이 됩니다.
>
> 저는 김장을 할 때 풀은 넣지 않고 매실액은 넣어요. 김치를 담가 보니 금방 먹을 김치는 당분을 넣지 않고 만들어도 좋은데, 오래 두고 먹을 김장 김치에는 유산균의 먹이가 될 당분을 좀 넣어야 제대로 발효되어 오랫동안 상하지 않더라고요. 대신 김장 김치는 충분히 발효시켜서 당분이 줄어든 두어 달 후(유산균이 당분을 먹이로 사용한 후) 먹습니다. 제가 담그는 김장 김치는 시원한 서울식이나 경기도식 김치가 아닌 진한 남도식 김치입니다.

재료 (김치 약 30kg 분량)

- 절임 배추 20kg
- 무 3kg
- 쪽파 500g
- 양파 2개(중간 크기)
- 미나리 350g
- 갓 1kg
- 맛국물 750g(찬물에 멸치, 북어 대가리, 파뿌리, 다시마를 넣고 푹 끓인 것)
- 고춧가루 1.1kg
- 액젓 500g
- 새우젓 600g
- 다진 마늘 400g
- 다진 생강 200g
- 매가리젓(또는 양념 안된 갈치 속젓) 300g
- 매실액 100g

만들기 (배추 물기 빼기와 재료 준비 2~3시간, 조리 1시간)

1. 절임 배추는 김장 하루 전날에 배송 받아 박스를 거꾸로 뒤집어 시원한 곳에 둔다. 맛국물은 미리 만들어 식혀 놓는다.

2. 김장을 하는 당일 오전에 절임 배추를 꺼내 배추의 자른 면이 아래로 가게 채반에 걸쳐놓고 두어 시간 물기를 빼준다.

3. 배추의 물기를 빼는 동안 무는 5cm 길이로 채 썰고 양파도 채 썰어둔다. 쪽파, 미나리, 갓은 5cm 길이로 잘라둔다. 매가리젓(혹은 갈치 속젓)은 잘게 다지거나 곱게 갈아놓는다.

4. 고춧가루, 액젓, 다진 마늘, 다진 생강, 새우젓, 매실액, 맛국물을 고루 섞은 후 무, 양파, 쪽파, 미나리, 갓을 넣어 고루 버무린다.

5. 물기가 빠진 절임 배추를 하나씩 4의 양념 위에 올려놓고 배춧잎 사이사이에 양념을 고루 발라준다. (소를 넣는 게 아니라 빨간 양념을 잎에 바른다는 느낌으로 해야 나중에 양념이 모자라지 않는다.)

6. 양념을 바른 배추는 자른 면이 위로 가게 김치통에 차곡차곡 눌러 넣고 윗면을 배추 겉잎이나 비닐로 밀착시켜 덮은 후 뚜껑을 덮는다.

7. 김치가 담긴 김치통을 1~2일 실온에 두어 익힌 후 뚜껑을 열어보아 익은 냄새가 나고 국물이 생겼으면 김치가 국물에 잠기게 눌러주고 김치 냉장고로 옮겨 보관 모드로 보관한다.

TIP

1. 액젓은 맑은 액젓과 진젓(생선의 형태가 없어질 때까지 삭혀 뼈와 가시를 거른 것)을 반씩 섞어서 썼어요. 진젓을 섞으면 진한 남도식 김치 맛이 나요. (진젓이 없다면 맑은 액젓만 사용해도 됩니다.)

2. 김치가 익으면서 국물이 생기기 때문에 김치통에 김치를 가득 채워 담으면 국물이 넘칠 우려가 있어요. 90% 미만으로 담으세요.

3. 김치 유산균은 공기를 좋아하지 않는 혐기성균이기 때문에 김치를 보관/발효하는 중간에 뚜껑을 열어보지 않고 공기 노출을 최소화하는 게 좋아요.

4. 무, 갓 등 김치소로 들어가는 재료들은 겨울철에 특히 맛있는 채소예요. 김장을 할 때 만든 김치소가 남았다면 밀봉해 냉동 보관해 두세요. 계절이 바뀐 이후에도 제철 재료로 만든 김치소로 맛있는 김치를 담글 수 있어요. 냉동시킨 김치소는 냉장실에서 하룻밤 해동시킨 후 바로 사용하면 됩니다.

5. 굴 넣은 김치는 익기 전 신선할 때 먹어야 맛있기 때문에 저희 집은 김장에 굴을 넣지 않아요. 대신 김장하는 날이면 생굴을 준비했다가 김장을 하고 남은 김치소에 생굴을 넣어 버무려 굴보쌈 김치를 만듭니다. 돼지고기 수육과 함께 먹으면 너무 맛있어요. 여기에 소개된 분량대로 만들면 굴보쌈을 두어번 해먹을 정도의 김치소가 남는답니다.

요리명으로 찾아보기

3분 곤약쌀밥 • 142

ㄱ

가자미미역국 • 234
가지나물 • 078
가지양파볶음 • 132
가지전 • 050
간단 돼지국밥 • 228
간장들기름달걀프라이 • 144
간짜장덮밥 • 170
갈비찜 • 210
갈빗집 무절임 • 118
건고구마순볶음 • 094
건취나물볶음 • 092
견과류 쌈장 • 269
고기 빈대떡 • 064
고기볶음달걀말이 • 130
고등어추어탕 • 248
고사리나물 • 090
고추장닭구이 • 214
고추장불고기와 양배추쌈 • 194
골뱅이비빔국수 • 180
곰취장아찌 • 116
구운 명란덮밥 • 156
국물떡볶이 • 182
굴전 • 074
기내식 비빔밥 • 160

기사식당 돼지갈비 • 208
김치참치전 • 051
김치청국장찌개 • 242
깻잎전 • 052
꽈리고추멸치볶음 • 120

ㄴ~ㄷ

낙지삼계탕 • 256
단단일 김치볶음밥 • 168
단단일 부추전 • 046
단호박과 가염 버터 • 146
달래족편무침 • 108
닭살오이무침 • 106
대패삼겹살쌈장볶음밥 • 150
대패삼겹살파전 • 068
동대문 닭한마리 • 260
돼지고기 육전 • 062
돼지고기김치두루치기 • 190
돼지껍데기족편 • 218
들깨열무나물 • 087

ㄹ~ㅁ

로메인고기볶음 • 128
만능 고기볶음 • 125
만능 장아찌 • 114
매가리젓 • 274
매생이굴국 • 236
매생이해물전 • 060

매운 족발 • 222
멸치젓 • 276
모둠 버섯전 • 054
무닭볶음탕 • 262
묵은지시래기등뼈찜 • 200
미역줄기잡채 • 138

ㅂ

바지락고추볶음 • 186
백김치찜 • 204
버섯달걀고기볶음 • 126
봄동전 • 048
부추무침 • 104
부추오리주물럭 • 196
불고기참나물전 • 070
빨간 콩나물무침 • 084
뼈다귀해장국 • 258

ㅅ

사골갈비탕 • 227
사골국 • 226
사골콩나물김칫국 • 238
삼겹살김밥 • 174
삼겹살용 멜젓 • 277
삼겹살콩나물밥과 달래간장 • 166
새우깡 • 124
새우미나리전 • 056
새우젓 • 272

생참나물무침 • 080
소고기고추장볶음 아보카도 비빔볼 • 155
소고기고추장볶음 • 122
소고기버섯전골 • 254
소고기시래기찜 • 198
소고기장조림 • 112
손말이 불고기김밥 • 172
수미네 한 마리 닭찜 • 206
시금치나물 • 086

ㅇ

안동국시 • 177
애니쉬 핀란드 대패삼겹살 • 212
양념 갈치속젓 • 278
양배추볶음 • 145
양지미역국 • 232
얼갈이배추된장나물 • 088
얼큰 숙주삼겹탕 • 250
오이고추된장마요무침 • 105
오이들기름깨무침 • 081
오이부추김치 • 280
오징어볶음 • 188
오징어부추전 • 058
우삼겹살팽이전 • 066
유장 생선구이 • 192
육쌈쫄면 • 178

ㅈ

자반고등어찜 • 135
잣국수 • 176
장어탕 • 252
장조림비빔밥 • 154
절임 배추로 만드는 김장 김치 • 284
절임 배추로 만드는 백김치 • 282
젓국갈비 • 230
정어리통조림쌈밥 • 164
족발 • 220
진주표 키토 고추장 • 266
진주표 키토 마요네즈 • 270

ㅊ~ㅋ

참치짜글이 • 239
초고추장 • 268
치즈깍두기밥 • 152
치킨마요덮밥 • 158
코다리달걀탕 • 244
코다리된장찌개 • 246
콜리플라워달걀볶음밥 • 148
키토 맛초킹 • 216

ㅌ~ㅎ

탕평채 • 136
토란대나물 • 096
토마토고추장찌개 • 240
통김치전 • 072
파불고기 • 202
파소스 가지튀김 • 102
풋호박새우젓찜 • 134
피조개비빔밥 • 162
하얀 콩나물무침 • 082
호박고지볶음 • 098
호박양념장구이 • 100

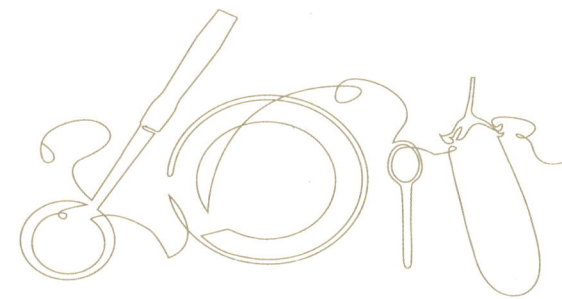

287

 북드림의 저탄고지 도서와 함께 건강한 다이어트에 도전하세요!

기적의 식단
저탄수화물 고지방 다이어트의 비밀

'얼마나 먹느냐'가 아니라 '무엇을 먹느냐가 관건이다!

잘 먹어야 잘 빠진다! 의학적 원리부터 증상별 솔루션까지! 20kg 체중 감량에 성공하고 건강을 되찾은 의사가 제안하는 한국식 저탄고지 다이어트의 바이블!

이영훈 지음 | 388쪽 | 22,000원(개정 증보판)

왜 아플까
만성 질환을 일으키는 숨겨진 질병, 인슐린 저항성 퇴치를 위한 최고의 건강서

건강에 딱히 문제도 없는데 무기력하고 여기저기 통증에 시달린다면? 개운한 기분으로 아침을 시작한 것이 언제였는지 기억도 안 난다면? 인슐린 저항성을 의심하라!

벤저민 빅먼 지음, 이영래 옮김, 황성혁 감수 | 304쪽 | 17,000원

식사만 바꿔도 젊어집니다
컬러 일러스트와 사진으로 쉽게 설명한 날씬하고 젊어지는 신기한 식단

당질 제한의 핵심은 당질을 줄여 인슐린을 낮추는 것! 당질 제한 전문가 에베 코지 선생이 팩트만 눌러 담아 쓴 과학적이고 체계적인 당질 제한(저탄고지) 입문서!

마키타 젠지 지음, 황성혁 번역 및 감수 | 192쪽 | 16,500원

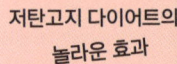

저탄고지 다이어트의 놀라운 효과

어서 와! 간단키토는 처음이지?
간단키토(간헐적 단식 + 키토제닉 다이어트)로 인생을 바꾸자!

다이어트는 얼마나 먹는가가 아니라, 무엇을 먹는가에 달렸다. 건강 상식, 식습관, 생활습관, 운동법까지 망라한 가장 쉬운 다이어트 안내서!

아놀드 홍, 이영훈 지음 | 244쪽 | 18,000원